PAROLES DE DIRIGEANTS

ROAD-MOVIE ÉCONOMIQUE

AVERTISSEMENT

Les dirigeants diplômés d'Audencia Nantes qui nous ont fait l'amitié de se confier à nous pour ce livre d'entretiens ont tous en commun d'avoir choisi de vivre leur passion jusqu'au bout, consacrant à leur désir d'avancer et de se dépasser un engagement personnel considérable. Appuyées sur des méthodes et des ressorts différents, ces trajectoires multiples affirment cependant avec force et audace que l'économie moderne est, avant toute autre chose, un grand roman d'aventures. Un roman dont l'écriture se poursuit tous les jours grâce à l'hybridation des compétences, des intuitions singulières et des rencontres qui ont parfois – souvent – eu lieu ici, à Audencia. Ce constat évident a justifié – pour ne pas dire imposé – une forme narrative originale, mêlant, à la réalité de ces parcours d'exception, des personnages de fiction conçus comme autant de représentations de l'École. Cette figure romanesque doit donc être lue comme un hommage ludique, une manière décalée de remercier l'ensemble de ces femmes et de ces hommes pour les rêves qu'ils ont suscités et les vocations qu'ils vont engendrer. De la même manière, si les titres de chapitres, qui puisent tous au monde du cinéma, nous ont été soufflés par certains traits saillants de la personnalité ou du parcours de chaque dirigeant, ils relèvent d'abord du clin d'œil amical et admiratif. En réalité, la dualité entre personnalités réelles et personnages fictifs n'est ici que de pure forme, car les récits imbriqués que vous allez lire maintenant ne portent en fait qu'un seul et unique message, que l'on pourrait résumer ainsi : n'abdiquez jamais vos rêves et ne lâchez rien !

Bonne lecture à tous !

PAROLES DE DIRIGEANTS

ROAD-MOVIE ÉCONOMIQUE

29 RENCONTRES EXCEPTIONNELLES

SOMMAIRE

1 LES INFILTRÉS

BRUNO CATHELINAIS
Président du directoire du Groupe Bénéteau

VALÉRIE GOMBART
Directrice générale du fonds d'investissement Hi Inov

CHRISTOPHE LETELLIER
Directeur général de Sage ERP X3, au sein de Sage Group plc

SÉBASTIEN ROUZAIRE
Président-directeur général de Kerius Finance

PHILIPPE SERZEC
Directeur associé du cabinet Deloitte

2 RENCONTRES DU TROISIÈME TYPE

SYLVIE CASENAVE PÉRÉ
Présidente-directrice générale de Posson Packaging SA

RAPHAËL GEISMAR
Président de STUMEC

OLIVIER RAUSSIN
Cofondateur du fonds d'investissement Project A Ventures

CATHERINE SCHORTER LE BRET
Chief Global Brands & Innovation Officer Dorel

DENIS THÉBAUD
Président-directeur général d'Innelec Multimédia

3 THE SOCIAL NETWORK

VINCENT ROUX
Codirecteur d'Intuiti

JONATHAN CHARIER
Président fondateur de Pulse & Pulpe

YVES LE GOHEBEL
Président fondateur de Connexing

JÉRÔME PASQUET
Directeur général et co-fondateur de 10-vins.com

4 VA, VIS ET DEVIENS

PATRICE CHÉRAMY
Directeur général du Crédit Agricole de Vendée

YANN HINSINGER
Directeur général Marques du Groupe ERAM

PATRICK ILIOU
Directeur général adjoint de l'Olympique Lyonnais

ALAIN MITAUX
Fondateur d'Alinéa

DAMIEN VERDIER
Group Executive Vice President and Chief Marketing Officer Sodexo

5 LES SENTIERS DE LA GLOIRE

DOMINIQUE BAMAS
Directeur général de Manitou

THIERRY BLANDINIÈRES
Directeur général de l'Union InVivo

ERIK CAMPANINI
Directeur associé du cabinet BearingPoint

ÉRIC DODIN
Directeur général Europcar France

CYRILLE DUVAL
Président-directeur général du magazine *Le Point*

6 EASY RIDER

ANTHONY BUNN
Directeur général de Timberland France, Espagne, Portugal

GREG EVRARD
Directeur opérationnel de North Sails

PASCALE QUESTER
Vice-présidente de l'université d'Adélaïde

RAPHAËL LE MASNE DE CHERMONT
Président-directeur général Shanghai Tang

ARNAUD NAINTRÉ
Directeur général Sisley Amérique du Nord et du Sud

LES PERSONNAGES DE FICTION

LE NARRATEUR

Ben Stardighan est un étudiant virtuel, un personnage de fiction. Il intègre Audencia Nantes après un sans-faute en hypokhâgne et khâgne. Aussi à l'aise en littérature qu'en économie, capable de disserter sur les mérites comparés des différents systèmes bancaires asiatiques ou de citer Borges dans le texte, Ben connaît cependant un petit problème d'allumage... Il n'a absolument aucune idée de ce qu'il souhaite faire plus tard. Sur les conseils de son amie Zoé, qui veille sur lui depuis des années, Ben se rapproche d'Audencia Alumni pour quelques conseils d'orientation. Ses qualités, son style, son allant et sa quête de direction professionnelle le qualifient pour écrire *Paroles de dirigeants*. Banco ! Ben Stardighan entame un voyage initiatique qui va transformer sa vie.

La femme "en rebond"

Lucie Castaix est une brillante quadra, diplômée d'Audencia Nantes au milieu des années 90. Inscrite jusqu'à présent dans un parcours d'excellence au sein d'une grande firme internationale, elle manie les leviers de la finance avec talent et l'humour à froid avec passion. Son évolution au sein de la compagnie est freinée par un projet de fusion qui traîne en longueur. Une situation qui cadre mal avec son caractère de battante. Installée à Hong Kong depuis sept ans, elle présente sa démission à un directeur général effondré qui tente de la retenir – "*Lucie, vous ne pouvez pas partir, j'ai besoin de vous. Je vous augmente immédiatement...*" – mais sa décision est prise. Elle rêve d'un nouveau départ, dans un univers radicalement différent de la haute finance et du *mobile banking* dont elle s'est peu à peu lassée. Rentrée en France, elle prend contact avec ses anciens camarades de promotion et va bientôt rencontrer Ben qui, bien malgré lui, va lui faire découvrir de nouveaux sommets dont elle n'imaginait pas la beauté.

LE BON GÉNIE

Zoé Bélia est une jeune fille intuitive, éminemment brillante et intrinsèquement aimable avec ses contemporains, pourvu que ces derniers soient courtois en retour. Elle veille depuis des années sur Ben Stardighan, son meilleur, meilleur ami qui, "malgré une enfance de chien" – Zoé dixit – a réussi la double gageure de crever tous les plafonds de l'enseignement supérieur en restant aussi modeste que la croissance en zone euro. Zoé est immensément riche, aussi riche que Ben est pauvre, et pourvoit à tous les besoins de son protégé. Hors de question cependant de le mettre sous perfusion sans contrepartie. Ben devra tout rembourser quand il sera en poste – si d'aventure il arrive à se décider un jour sur la direction à emprunter ! Ce *gentlemen's agreement* ménage les susceptibilités et permet à leur relation de se poursuivre dans une saine clarté.... À moins que les choses n'évoluent dans une direction qu'ils n'avaient pas prévue.

Cet appareil de retranscription prêté par AUDENCIA ALUMNI marche NICKEL!!!
La preuve

Zoé & moi - Audencia 13/09

- Alors, ces deux heures de rendez-vous avec Alumni, intéressant ?
- Oui, bon, je dois admettre que ton idée n'était pas totalement stupide…
- Ben Stardighan, le plus indécis de tous les génies, a enfin trouvé une solution pour se dé-blo-quer ! Mais je rêve… Et tout ça grâce à qui ?
- À toi. Comme d'habitude !
- Ravie que tu le mentionnes. Explique.
- Eh bien j'ai tout déballé. Mon inaptitude totale à opérer un choix de carrière, mes capacités… disons…
- Hors normes ?
- Non, pas hors normes mais spéciales…
- Deux bouquins publiés à 22 ans, des résultats en khâgne et hypokhâgne encore jamais atteints, et aujourd'hui, des notes au concours d'entrée d'Audencia qui ont dû interpeller jusqu'aux plus hautes sphères de l'École… Spéciales ?
- Oui, bon…
- Donc ?
- Eh bien pour me permettre de dépasser, disons, mon blocage, le grand monsieur frisé qui travaille à Audencia Alumni, Stanislas Mahé, et la présidente de l'association, Estelle Marie, m'ont proposé de participer à l'écriture d'un livre, *Paroles de dirigeants*.
- C'est quoi ce livre ?
- Un livre d'entretiens avec des diplômés occupant des postes éminents dans plein de secteurs d'activité différents !
- Et ces rencontres pour interroger tous ces gens vont te permettre de te faire une idée sur ta propre orientation… Un "marché de définition" pour la voie Stardighan !
- C'est ça !
- Et comme le téléphone et le mail te paraissent froids et distants, tu vas me demander une rallonge de prêt pour aller te baguenauder en Europe et dans le monde pendant tout l'été ? Je me trompe ?
- Non.
- Rallonge acceptée ! Comme ça, je pourrai passer mon été avec Alex sans t'avoir dans les pattes et lui arrêtera de me bassiner avec sa jalousie maladive à ton endroit.
- Alex est…
- Stop. Fin de la discussion. Je suis heureuse pour toi, Ben. *Take care* et donne de tes nouvelles, hein ? Je veux suivre ça de très près.
- Promis.

Le nouveau site est en ligne, penser à forwarder l'adresse à Zoé
www.myaudencianetwork.com

T'es où ?

Vendée

Jusqu'à ?

Demain

Et après ?

Paris, Lyon, Genève.

Veinard

Rejoins-moi !

Avec Alex ?

Le lac Léman est profond :)

C'est malin :(

Audencia Alumni

TODAY : 13 000 Diplômés

20 000 en 2020 !

QUEL RÉSEAU !

TRIATHLON

AUDENCIA - LA BAULE

la tête et les jambes !!!

Le plus grand triathlon de France.

Au moins 50 000 spectateurs

www.triathlon-audencialabaule.com

Le port de Saint-Gilles-Croix-de-Vie

Balade sur le port
avant mon rendez-vous
chez Bénéteau

Je rentre...

Mon statut modifié sur le groupe AUDENCIA ALUMNI / Linkedin

Plus de 100 messages reçus en 2 jours

AUDENCIA ALUMNI :

MON FILET DE SECURITÉ ? OUI

RDV SÉBASTIEN ROUZAIRE ET PHILIPPE SERZEC ANIMATEURS DU CERCLE DES DIRIGEANTS AUDENCIA ALUMNI mardi 20h

Libre. Et inquiète.

→ le 18/09/13

Ça y est ! J'ai donné ma lettre de démission à Andréa. Sa réaction a été adorable, naturellement. Il m'a suppliée de rester, m'a proposé une augmentation à deux chiffres, prêt à convoquer sur-le-champ une assemblée générale… Pour finir, il s'est résigné – ému autant que moi – en m'assurant que les portes de la compagnie me seraient, quoiqu'il arrive, toujours ouvertes. Cher Andréa, il aurait presque réussi à me faire fléchir… Mais non bien sûr. Il s'en doutait. Il le savait. Optimiste comme il est, il s'est tout de suite projeté dans l'avenir : *"Ma, qué vas–tou faire mainténant ?"* Sa gentillesse, son intelligence, vont me manquer. Son accent va me manquer. Hong Kong aussi va me manquer. Mais moins que l'accent d'Andréa. J'ai réalisé mes options et je suis à la tête d'un joli pactole. Ça, plus la vente à venir de l'appartement – encore un conseil d'Andréa : *"Achète au Peak Lucie, tou mé rémercieras"* – et me voilà riche. Relativement. Mais riche quand même. Merci Andréa.

Rétrospectivement, mes sept années passées à Hong Kong me donneraient presque le vertige. Mon mentor avait raison : *"Accepte le poste Lucie !"* Quel homme visionnaire ! La folie d'un développement qui a surpris jusqu'à ceux qui en avaient été les initiateurs. Et moi, au départ, éberluée et tétanisée par cette croissance qui aspirait tout, je me suis mise en mouvement et j'ai trouvé en moi des ressorts dont j'ignorais l'existence. *"Tu as pris l'ascenseur, Lucie"*. Cette phrase d'Andréa me suivra toute ma vie. Oui, j'ai pris l'ascenseur et me suis élevée jusqu'au sommet (ou presque !) un peu grâce à toi. Merci mon ami.

Mettre l'appartement en vente

Appeler Li > 2409 1111

Mes options liquidées + vente de l'appartement le 17/09 / Valeur > 3 200 000 $!!!

JE SUIS RICHE !

KETO CONSEIL

Arnaud BLANDINEAU
CEO

T. 02 40 37 34 34
ablandineau@keto-conseil.com

Pour mes placements

Idée pour nommer les chapitres : utiliser des titres de films !

Bruno CATHELINAIS / Valérie GOMBART / Christophe LETELLIER

Sébastien ROUZAIRE / Philippe SERZEC

BRUNO CATHELINAIS

Président du directoire du Groupe Bénéteau, leader mondial des constructeurs de bateaux à voile.
Promotion 1978

Il est des hommes qui craignent les coups de tabac et d'autres qui se révèlent dans la tempête. Bruno Cathelinais fait assurément partie de la seconde catégorie. Et la métaphore marine n'est pas seulement une allusion à son secteur d'activité : le président du directoire du Groupe Bénéteau est un barreur adroit qui aime le gros temps et les corrections de trajectoire en périodes chahutées.

Juin 1978. Bruno Cathelinais sort d'Audencia Nantes. Il a en poche une solide expertise en finance comptabilité, un rêve doublé d'un objectif – être directeur financier à 30 ans et directeur général à 40 – et la volonté de s'orienter le plus tôt possible vers la PME : *"Un endroit où l'on voit plus rapidement le résultat de ses actions."* Ce corpus en trois points le conduit chez Manitou. Auditeur interne pour les filiales internationales. Le choix s'avère payant. En deux ans, il accède aux responsabilités administratives et financières d'une filiale du groupe basée à Poitiers. La PME devient son laboratoire, un lieu d'analyse et de modélisation des principes qu'il appliquera plus tard. Elf Aquitaine l'invite à rejoindre une "petite" filiale de 150 personnes spécialisée dans la chimie fine. *"Cela m'a beaucoup plu. J'ai pu appréhender tout ce qui était production, commerce, organisation..."* Bref, comprendre les interactions entre les gens et entre les services, qui régissent la dynamique d'une entreprise. Les interactions. Un mot clé dans la conception entrepreneuriale de celui qui rejoint, en 1989, le Groupe Bénéteau en tant que directeur financier. Il a 32 ans, soit deux ans de chute par rapport à son planning prévisionnel de carrière ! Qu'à cela ne tienne, il sera directeur général du groupe à 39. Le retard est compensé. Mais la première tempête est là. *"Quand je suis entré dans le métier, en 1989, la plaisance vivait une crise majeure, la première crise de cette ampleur. Durant des périodes comme celle-ci, les changements qui bouleversent le paysage concurrentiel vous imposent de repenser votre stratégie, de corriger votre trajectoire et de rester en mouvement. Ce sont des moments de risques et d'opportunités. Notre réponse, à l'époque, a été de nous rapprocher de Jeanneau. Ce fut un bon choix."*

Si le groupe change de dimension, la vision de Bruno Cathelinais reste la même. *"La dynamique d'une entreprise est basée sur la compétence des individus mais aussi sur leur connivence. Nous essayons de garder un mode de fonctionnement de PME avec beaucoup de fluidité dans les échanges, même si nous sommes 6 000. Nous voulons rester des entrepreneurs : trouver de nouveaux marchés, de nouveaux clients, des idées nouvelles dans la façon de faire..."*

2008. Nouvelle crise. Plus rude que la précédente. Les marchés mondiaux dévissent de 50 à 60 %. La réponse à la crise des années 90 a permis au groupe de se constituer des réserves qui sont immédiatement injectées dans la réorientation stratégique à laquelle s'astreint l'entreprise. Le mouvement, toujours, et la prise de risques en période de tension. Le marché se réduit de moitié ? Bénéteau ne s'adresse qu'à 40 % du cadre mondial de la plaisance ? Désormais, ce sera 80 %, appuyés sur une politique ambitieuse d'implantations en Amérique latine et en Asie, de diversification vers le bateau à moteur, segment nettement plus large que celui du voilier, et vers l'habitat léger qui présente de vraies similitudes avec l'aménagement de bateaux. *"Lorsque les marchés rebondiront, je pense que l'on s'apercevra du changement de dimension de l'entreprise."*

"Il est fondamental de respecter la parole donnée. C'est cela qui permet de travailler en équipe et c'est le travail d'équipe qui permet d'avancer, de créer ces interactions qui seront bénéfiques à l'entreprise. L'humain est primordial. Il faut savoir fédérer."

"Quand une situation est inconfortable, je prends cela pour une opportunité. Dépasser cet état devient un objectif prioritaire et l'expérience acquise pour y parvenir me rend plus fort pour continuer mon chemin."

Audencia Nantes, elle, y croit. Elle lui décerne, en 2012, le Grand Prix du dirigeant à l'occasion du centième anniversaire de l'Association des diplômés. Elle ne se trompe pas. Le plan 2015 produit ses premiers résultats, le chiffre d'affaires remonte, sans atteindre encore les niveaux de 2008, mais suffisamment pour retrouver la confiance. Bruno Cathelinais continue, inlassablement, à tisser des liens et forme désormais la relève. *"J'ai 55 ans et j'aime cette idée de transmission, de penser que j'aurais contribué à construire l'équipe qui prendra la suite."* Laisser les rênes aux jeunes, donc ? *"Oui, mais pour cela, il faut que ceux qui y aspirent montrent qu'ils en ont vraiment envie. Dans une PME, une personne un peu différente, qui prend des risques, est tout de suite détectée. La chance et l'audace sont les moteurs de la réussite."*

VALÉRIE GOMBART

Directrice générale du fonds d'investissement Hi Inov, filiale de capital-innovation de Dentressangle Initiatives.
Promotion 1997

Valérie Gombart est la preuve vivante que la banque peut être un espace de liberté très ouvert. Préférant les interstices – et les challenges à risque – aux grands boulevards, elle y mènera une carrière d'"intra-entrepreneur" passionnante et parfaitement maîtrisée. Une stratégie payante puisqu'elle occupe désormais le poste de directrice générale d'Hi Inov, la société de gestion dédiée à l'investissement dans l'économie numérique de Dentressangle Initiatives, holding patrimoniale de la famille Dentressangle.

C'est l'histoire d'une femme qui n'a pas froid aux yeux et qui déjoue tous les pronostics. Lorsque Valérie Gombart vous explique que son premier emploi dans la banque *"a duré 14 ans"*, la première image qui vous vient à l'esprit est celle de la ligne droite, d'une trajectoire balisée par un respect scrupuleux des process et de la hiérarchie. Grossière erreur. Scientifique de formation avant d'être diplômée d'Audencia Nantes, Valérie Gombart s'est attachée à aller systématiquement rôder aux marges, aux frontières de l'existant et du possible. *"Je suis entrée à la Spef, une petite structure rattachée à la Caisse Centrale des Banques Populaires, grâce à mon stage de fin d'études. La Spef finançait en fonds propres essentiellement les entreprises clientes du groupe et gérait notamment un fonds pour soutenir la création d'entreprises en régions ; les Banques Populaires ayant un droit de tirage pour les projets 'coups de cœur'. Mon job consistait à filtrer les projets et à monter les investissements."* La création du premier Fonds Commun de Placement Innovation par le Groupe Banque Populaire lui offre son premier ticket pour l'inconnu, quelques mois seulement après sa sortie de l'école : *"Je n'étais pas très à l'aise, mais comme j'étais l'une des rares à avoir vu un peu d'informatique, le patron m'a dit 'vous êtes intelligente, j'ai confiance en vous, allez-y !'. Alors j'y suis allée. Grâce à la solidité de la formation technique que j'avais acquise à Audencia, j'ai pu démarrer et c'est d'ailleurs un message que je veux faire passer ici. Faites confiance à votre formation. Elle est solide."*
La Spef, à la fin des années 90, c'est une petite équipe – une quinzaine de personnes tout au plus –, peu de moyens et

Pages maquettées. BAT signé

donc l'obligation pour chacun de coiffer plusieurs casquettes. *"On faisait tous les métiers de haut de bilan, le capital-développement, le capital-transmission, le capital-création, et le capital-innovation… C'était un peu fou."* Mais formateur. Et très stressant. *"On était en panique. On était tous très jeunes, on connaissait mal le métier et les sommes en jeu étaient très importantes, plusieurs millions d'euros… Alors j'ai décidé d'aller faire le tour de toutes les Banques Populaires régionales pour discuter avec le terrain, qui m'a accueillie à bras ouverts."* Cette première intuition – aller au contact, humblement, pour comprendre et pouvoir décider – se double d'une rencontre décisive qui va tout changer : *"J'ai rencontré mon mentor, à l'extérieur de l'entreprise… chez un concurrent. Il m'a tout appris ou presque."* À partir de là, les choses s'enchaînent et le parcours devient fulgurant. La création de Seventure Partners, en 2003, toujours dans l'orbite des Banques Populaires, lui permet d'affirmer ses compétences dans le domaine des technologies de l'information et de la communication dont elle monte tout le département, pour ensuite le diriger. *"En 2005, quand l'AMF a voulu qu'il y ait deux dirigeants dans les sociétés de gestion, j'ai été nommée second dirigeant. Je me retrouvais à 28 ans plus jeune mandataire sociale de toute la banque. Comme le business était en création, j'ai pu faire ma place."* Quatorze ans et cinq fusions après son entrée, Valérie Gombart quitte la banque, direction… le monde des entrepreneurs ! En 2012, la famille Dentressangle, fondatrice du groupe de transport et logistique Norbert Dentressangle, souhaite monter une société de gestion dédiée à l'innovation. Hi Inov est créée avec, à sa tête, Pierre-Henri Dentressangle et… Valérie Gombart : *"Je ne pensais pas être capable de créer une entreprise, j'avais peur de la crise, de ne pas réussir à lever de l'argent… Mais j'y suis arrivée avec mon associé. En un an, nous sommes parvenus à créer la société, à la faire agréer auprès de l'AMF et l'on boucle en ce moment notre premier fonds à 27 millions d'euros, un bon score dans la période actuelle."*

"Si je regarde tous les gens de ma promo, ce sont les plus sérieux qui ont réussi. Il faut absolument avoir confiance dans l'enseignement que l'on nous donne et oser avoir confiance en soi !"

"Le métier va changer. Beaucoup. Le financement haut de bilan des entreprises était jusqu'à présent le fait des banques mais il est en train de revenir chez les entrepreneurs. Les fonds, désormais, seront de plus en plus créés par des family offices."

CHRISTOPHE LETELLIER

Directeur général de Sage ERP X3, au sein de Sage Group plc, troisième éditeur mondial de logiciels de gestion.
Promotion 1984

La typologie des modes opératoires au sein de l'entreprise est une science que connaît fort bien Christophe Letellier. Analyste hors pair des processus décisionnels, il aura calibré avec précision le type d'organisation permettant à sa personnalité de s'exprimer au mieux, avant de fondre sur le candidat idéal, une fois ce dernier détecté. Avec un certain succès, disons-le !

Cela ne pouvait pas mieux commencer. Dès son stage de troisième année, Christophe Letellier réalise, pour le compte du ministère de l'Industrie, une étude prospective consacrée aux grands noms de l'informatique mondiale. Nous ignorons si les conclusions de cette étude ont permis au ministère d'anticiper l'essor qu'allaient connaître ces futurs géants – nous sommes en 1984 – mais ce qui est sûr, c'est qu'elle a donné à son rédacteur une base analytique solide pour partir à la conquête du secteur. En commençant naturellement par sa locomotive, IBM. Candidature spontanée, entretien, et embauche quinze jours chrono après sa sortie d'Audencia, en septembre 1984. *"J'ai choisi le numéro 1 du secteur, ce qui me semblait logique, et la fonction commerciale, parce que je pense qu'une entreprise vit d'abord par ses clients. Ça s'est bien passé. Les challenges se sont enchaînés, Orléans, Lille, où j'ai eu à diri-*

> "Il existe deux sortes d'entreprises : celles qui sont gérées par le process – ici, les hommes sont au service de ce dernier – et celles dont le process est utilisé par les hommes pour servir le business. J'ai une nette préférence pour la seconde catégorie."

ger une équipe de 15 commerciaux, tous plus âgés que moi, Paris". Manager le plus jeune d'IBM, Christophe Letellier comprend vite, grâce aux conseils décisifs de son patron, que sa réussite sera d'abord celle de son équipe. Son rôle sera donc de veiller à lui offrir les meilleures conditions de travail possibles. Une méthode qui marche. Le voilà directeur/chargé d'affaires avec, comme client, le groupe Renault. *"Un business à 100 millions de dollars par an pour IBM, et un client particulièrement exigeant !"* Nouvelle réussite qui le propulse à la tête de la branche monde des clients distribution automobile d'IBM. Le chiffre d'affaires passe de 100 à 200 millions de dollars. *"En 1997, on m'a confié la direction du secteur industrie d'IBM pour la France, la Belgique et le Luxembourg et je suis entré au comité de direction d'IBM France."* Il a 35 ans, génère 500 millions de dollars de revenus par an grâce à une équipe de 200 personnes et passe bientôt de l'industrie à la division logiciels – 850 millions de dollars par an – et de la confiance au doute. *"J'avais de moins en moins la main sur le business que je manageais et de plus en plus de process à mettre en place. Cela ne me convenait pas."* L'incompatibilité sera de courte durée. Christophe Letellier est remercié. Une aubaine !

"J'ai quitté IBM afin de pouvoir m'extraire du modèle de process servant *et j'ai rejoint People Soft en 2001, qui m'offrait presque tous les leviers de décision."*

150 millions de dollars de chiffre d'affaires, 350 personnes en France, Italie et Espagne et une menace tapie dans l'ombre. Qui se matérialise sous la forme d'une OPA hostile lancée par Oracle – une entreprise très *process servant* – et qui aboutit quatre ans plus tard à une prise de contrôle totale par le groupe de Larry Ellison. Tout est à refaire. Après une autre expérience qui ne le convainc pas chez OpenWawe Systems, Christophe Letellier détecte chez Sage toutes les qualités qu'il attend d'une entreprise. *"J'y suis entré fin 2006 et c'est l'entreprise que je cherchais.*

"C'est l'échec qui m'a permis de passer à l'étape suivante et de me relancer. Si mon dernier patron chez IBM ne m'avait pas dit de partir, où en serais-je aujourd'hui ? Même si ça a été un choc, cela a été le déclencheur d'une prise de recul salutaire."

Sage est un groupe à l'état d'esprit très entrepreneurial ; chaque patron du business est un CEO et il a la responsabilité pleine et entière de son activité." Sage lui offrira, il le sent, toutes les conditions de la réussite : *"La direction générale de Sage ERP X3 – du nom de l'ERP dédié au mid-market – me permet de diriger une équipe de près de 1 000 personnes avec des clients dans 53 pays et me donne tous les leviers de décision dont j'ai besoin."* Leviers qu'il sait parfaitement manier. Pour preuve, une progression à deux chiffres depuis quatre ans et l'accès aux commandes, en plus de sa casquette *ERP X3*, de tout le mid-market en Europe. La boucle est bouclée.

SÉBASTIEN ROUZAIRE

Président-directeur général de Kerius Finance.
Promotion 1991

Savoir dire non. Sébastien Rouzaire sait le faire. Et c'est une très bonne chose ! Car, aussi étonnant que cela puisse paraître, c'est bien en partie grâce à ses refus – de devenir directeur financier, de fonctionner au titre plus qu'à l'envie – que Sébastien Rouzaire s'est construit cette trajectoire hybride et passionnante. Désormais chef d'entreprise, le PDG de Kerius Finance aura toujours privilégié l'instinct aux plans de carrière et la passion aux progressions rectilignes.

Qu'ont en commun le Crédit Lyonnais, Bouygues, LVMH, et Gemplus ? Absolument rien, si ce n'est d'avoir un jour compté Sébastien Rouzaire parmi leurs effectifs. Banque, industrie, luxe, nouvelles technologies… Un résumé, certes elliptique, mais somme toute révélateur, d'une personnalité toujours en mouvement et jamais rassasiée. Le parcours de Sébastien Rouzaire a, de prime abord, quelque chose de déconcertant. Entrant dans des maisons prestigieuses, il gravit les échelons – généralement très rapidement – et parvient à se rendre indispensable pour, à l'instinct, bifurquer au moment où l'on s'y attend le moins. Inconstance ? Au contraire ! Il y a dans ces chemins de traverse toute l'intuition d'un entrepreneur qui n'est pas là pour *"la voiture de fonction, le salaire ou le titre"* mais pour comprendre, apprendre et produire : *"J'ai eu la chance de rencontrer, très tôt, quelqu'un qui m'a fait confiance et en qui j'avais confiance. Fonceur, il m'a pris sous son aile chez Bouygues, m'a appelé chez LVMH et je l'ai suivi chez Gemplus. Cette rencontre m'a offert la possibilité de concevoir ma vie professionnelle sous le double prisme de la curiosité, qui nourrit la courbe d'expériences, et de la passion."* La progression chez Gemplus est rapide – une habitude – et les propositions pour la direction financière Amérique latine et Asie arrivent vite. Il les refuse, l'une et l'autre, ce qui déroute totalement les ressources humaines : *"Ça ne m'intéressait pas. J'ai refusé parce que le poste de directeur financier en région chez Gemplus était un poste de* controlling. *Faire de la comptabilité, du prévisionnel, du système, de l'organisation, je ne suis pas fait pour ça !*

En refusant ces deux postes, je savais que ma carrière dans l'entreprise serait limitée mais l'important n'était pas là. Moi, ce que j'aime faire, ce sont les opérations financières." Étant incapable de faire bien quelque chose qu'il n'aime pas, Sébastien Rouzaire s'en va. Pour faire – bien – des opérations financières.
D'abord pour un tiers. *"Ce passage a été un très gros malentendu. J'y allais pour être associé et le patron, qui me l'avait promis, s'est rétracté. Heureusement. Car je me suis aperçu que le modèle employé ne me plaisait pas."* Puis en son nom, considérant sans doute que l'on n'est jamais mieux servi que par soi-même. Sébastien Rouzaire monte Kerius Finance en 2010, à Paris et Genève. *"Je fais désormais du conseil selon mon propre modèle. Je vends l'expérience que j'ai acquise.*

"À Audencia, on bossait et on s'amusait énormément. Organisation de triathlon, gala, tournois de tennis, événements, soirées... On avait toujours quelque chose sur le feu, en plus des cours. On était un petit groupe très actif, très autonome dans notre manière d'aborder les cours et l'existence."

"Je ne suis ni joueur ni spéculateur. Ce qui m'intéresse dans le maniement des options, des produits financiers, c'est la construction intellectuelle et leur intérêt pratique. Je trouve ça passionnant. Cela nécessite beaucoup de travail, d'où l'importance d'avoir une bonne hygiène de vie, mais c'est vraiment très stimulant."

Mes clients – des PME à 10 ou 15 millions de chiffre d'affaires aux grosses ETI, qui pèsent plusieurs milliards – me sous-traitent une partie de leurs réflexions stratégiques ainsi que leurs opérations financières, pour être sûrs qu'elles soient effectuées dans de bonnes conditions de sécurité et d'optimisation. Nous nous chargeons du front, du middle et du back office." Kerius Finance compte désormais quatre salariés – dont deux Audencia – et se paie le luxe – mais est-ce un luxe ? – de choisir ses clients et aborde les grandes mutations financières en cours sereinement : *"Beaucoup de gens travaillent sur des produits financiers et rémunérations opaques. Ces systèmes sont financièrement intéressants mais ne sont pas durables. Nous faisons l'inverse, en partant du principe que lorsque la loi va interdire ce genre de systèmes, nous serons prêts."* Un nouveau pari qui risque fort d'être gagné. Une habitude.

PHILIPPE SERZEC

Directeur associé du cabinet Deloitte.
Promotion 1992

Pour comprendre le parcours de Philippe Serzec, il est nécessaire d'intégrer quelques données clés le concernant. D'abord, le refus sans appel d'être en situation, un jour, d'avoir à regretter quoi que ce soit. Ensuite, une tendance franche à s'imposer des challenges pour s'obliger au dépassement. Enfin, la nécessité de changer d'horizon intellectuel tous les deux ans. Un corpus idéologique à vous chahuter une carrière ! La preuve.

Étudiant, Philippe Serzec n'aime ni la comptabilité ni la gestion. Ce qui l'attire, c'est le marketing. Il fera donc... de la finance ! *"Je connectais bien avec les questions liées au marketing mais je me suis dit, puisque tu es à l'école, puisque la discipline de l'École est en mesure de te faire acquérir des bases solides dans le domaine de la gestion financière, c'est le moment ou jamais. Je savais qu'une fois sorti d'Audencia, je n'aurais jamais la volonté de me remettre sur ces matières-là. Que l'on fasse du commercial ou du marketing, avoir une compréhension des enjeux financiers me paraît nécessaire."* Cette analyse résume l'homme – c'est sérieux, c'est astucieux et c'est utile – et le conduit à choisir *Contrôle de Gestion - Audit* en majeure. Puis à s'inscrire au DECF. Il entre chez KPMG à Caen, afin de disposer d'une expérience en audit, si d'aventure un poste de directeur financier lui était offert, et se prépare à partir au

"La plupart des gens pensent que l'audit et la finance sont des métiers de haute technicité. C'est en partie vrai. Mais ce qui fait la différence, c'est l'attitude. On peut souvent pallier des carences techniques. Changer de comportement est plus difficile."

service militaire. L'inscription au DECF lui permet de faire son service en VSNE au… Mali. *"J'ai débarqué à Bamako sans avoir jamais mis les pieds en Afrique. Découvrir des pays où les ressorts culturels, la structure de la société et donc de pensée vous échappent complètement a toujours attisé ma curiosité."* Il arrive en tant que directeur financier d'une petite structure dépendante d'un groupe familial bordelais, agent Caterpillar pour le Mali. À 23 ans, en charge d'un service de quatre personnes, il vit le 12 janvier 1994 en direct : *"La dévaluation du franc CFA a été une expérience intéressante. Du jour au lendemain, tous nos achats en dollars auprès de Caterpillar valaient deux fois plus cher en contre-valeur franc CFA."* Expérience intéressante ? Sacré baptême du feu, oui !

Il rentre en France, à Caen, et retrouve son poste chez KPMG, des fourmis dans les jambes. *"Je suis monté à Paris chez Ernst & Young grâce à un copain de promo. Je ne voulais pas attendre la fin de la saison d'audit pour y aller et je pensais que KPMG m'aurait remis, à Paris, sur des dossiers de grande distribution pour lesquels je n'avais pas une passion débordante."* Philippe Serzec, en analyste pointu, comprend vite les limites imposées par un modèle. Et détecte tout aussi rapidement les voies alternatives pour les dépasser. Ernst & Young, donc, puis une demande de départ en échange ; toujours cette curiosité et ce même appétit. Après le Mali, ce sera Singapour. Dix-huit mois sur des missions d'audit, pour des clients français et étrangers et les premières expériences d'audit d'acquisition. De nouvelles compétences. Un objectif identique. *"Le moteur a été le même que pour le Mali, découvrir une culture que je ne n'appréhendais pas du tout."* Grandir au contact de l'altérité, en somme. Il revient en France et rejoint le département *Due Diligence*. Une ligne de services alors de 25 personnes – qui passera à 120 en moins de trois ans – spécialisée dans l'audit d'acquisition, et Arthur Andersen en ligne de mire. Fusion. *"Je voyais cela comme un enrichissement supplémentaire et je me suis exposé, parfois au mauvais moment ou avec les mauvaises personnes…"* La leçon de politique est intégrée et le fait reprogrammer son logiciel de carrière. *"J'ai longtemps pensé que le mentoring n'était pas pour moi. Que je devais me faire seul et pouvoir être seul comptable de tous mes actes. C'était une erreur."* Il quitte Ernst & Young pour rejoindre l'associé, devenu Managing Partner du Département à son arrivée chez Deloitte, qui lui avait fait découvrir le monde des transactions à son retour de Singapour. Ce qui compte avant tout, surtout en conseil, ce sont les hommes et le projet : *"Le statut d'associé ne m'a pas attiré parce qu'il pose socialement son homme. Non, ce que je souhaitais, c'était explorer d'autres dimensions."* Son nouveau statut devrait le combler : désormais en charge de la structuration et du développement du segment *small et mid caps* – comprendre PME et ETI –, il devra accompagner les fonds de capital-développement et de LBO, les entreprises familiales et patrimoniales, ainsi que les mid caps cotées, en matière de *due diligences*, autrement dit d'analyses comptables et financières avant cession ou acquisition. Un sacré programme ! De quoi lui permettre, sans doute, de changer d'horizon intellectuel… tous les deux jours ?

"C'est important d'aller au bout de ce que l'on entreprend et d'être l'artisan de ses succès et de ses échecs. Les pires des maux sont la passivité et le regret. Aller au bout de sa logique, quitte à se remettre en question et apprendre de ses erreurs, est instructif et prouve que l'on a pris son destin en main."

22/10

C'est juste incroyable ! ! ! Je revois Estelle Marie et Stanislas Mahé, d'Audencia Alumni dans trois jours et il va falloir que je fasse un sacré effort pour garder un peu de retenue et ne pas leur sauter au cou. L'opportunité qu'ils m'ont offerte est tout simplement unique ! Les cinq premiers dirigeants rencontrés m'ont mis le feu, littéralement ! Des carrières pareilles, c'est dingue ! Me voilà avec quelques billes supplémentaires pour opérer mes choix. Mais s'ils sont tous comme ça, il va falloir que je fasse autant de carrières qu'il y a de dirigeants à interroger !

SALUT GRAND MEC !

LA CÔTE AMALFITAINE EST UNE PURE MERVEILLE. ON S'EST BALADÉ ET ON A RETROUVÉ DELPHINE ET MILO À PONTONE POUR UNE SOIRÉE RESTO / PASTAS. ALEX FAIT DES EFFORTS POUR NE PAS SOUPIRER QUAND JE REÇOIS UN TEXTO DE TOI MAIS JE SAIS QUE ÇA L'HORRIPILE. IL S'Y FERA. ET TOI, TU TROUVES TA VOIE ? HÂTE DE TE REVOIR. PRENDS SOIN DE TOI ET MAILE-MOI QUAND TU AS UN MOMENT. JE T'EMBRASSE FORT ET T'ENVOIE TOUT LE SOLEIL D'ITALIE.

ZOÉ

BEN STARDIGHAN
AUDENCIA
8 ROUTE DE LA JONELIÈRE
44312 NANTES CEDEX 3

Les week-ends de Zoé, en toute simplicité :-)

SEMAINE 42

Le forum entreprises

* Près de 100 entreprises
* Plus de 300 recruteurs
* Des opportunités de stages en France et à l'étranger

STAGES ? → - Milo
- Delphine

Like

www.facebook.com/audenciaalumni

25e étage -
Tour Montparnasse
AUDENCIA PARIS

SÉMINAIRE BÉNÉVOLES

Je viens de voir sur facebook les photos et les comptes rendus des travaux du séminaire bénévoles

MOTIVÉS !!!

Adieu HONG KONG,
Bonjour PARIS!

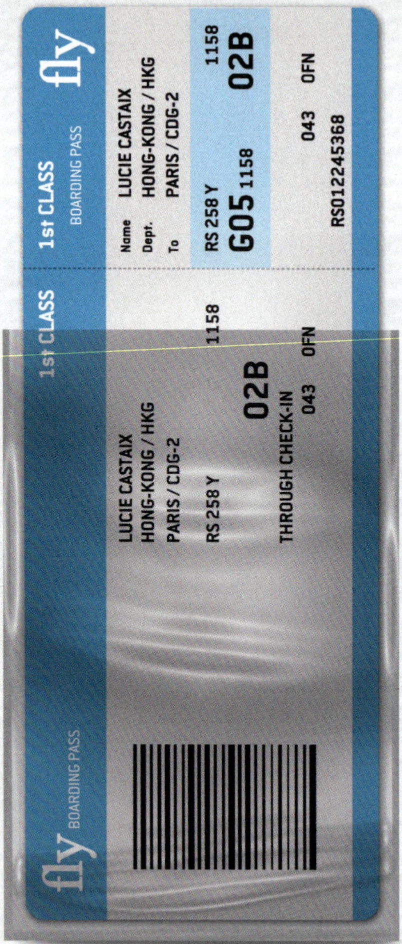

Call Audencia Alumni.

Récupérer les clés de l'appartement

Mardi : Dîner Maman
Réserver une table L'Arpège

HAND | SERBIE

CHAMPIONNATS DU MONDE FÉMININ :

Les Bleues visent la finale

RDV Master MANAGEMENT DES ORGANISATIONS SPORTIVES

→ Georges Zaganiaris
02 40 37 46 26

Belgrade en décembre ?

Mon idée pour nommer les chapitres a beaucoup plu à Zoé !!
Avec une cinéphile pareille, je ne prenais pas grand risque.

On verra bien ce qu'elle pense de celui-là

Sylvie CASENAVE-PÉRÉ / Raphaël GEISMAR / Olivier RAUSSIN

Catherine SCHORTER LE BRET / Denis THÉBAUD

② RENCONTRES DU TROISIÈME TYPE

SYLVIE CASENAVE-PÉRÉ

Présidente-directrice générale de Posson Packaging SA.
Promotion 1981

L'ADN de Sylvie Casenave-Péré est un code fondamentalement programmé pour la PME. Lieu de vibrations, de décisions et d'actions, où les crises sont attendues, l'arme au pied, la PME version Casenave-Péré est un engin maniable et grisant, taillé pour affronter les tempêtes et produire du sens et de la valeur.

Par où commencer ? Question épineuse tant la trajectoire de Sylvie Casenave-Péré agglomère des lignes narratives décisives, ces lignes de force qui font les bons récits quand il y en a deux ou trois, mais qui interrogent à huit ou neuf. Comment faire ? Le plus simple serait peut-être de jouer la chose de manière chronologique. Sauf à considérer que la carrière de Sylvie Casenave-Péré ne peut être résumée en 3 500 signes – intuition logique mais qui n'est pas une option, ici –, c'est un choix qui se défend. Rendons-nous donc en 1974. Sylvie Groiseleau – c'est alors son nom – a 15 ans. Les jeunes filles de son âge montent le son et partent à la conquête de leurs premiers émois ; elle, monte sa première entreprise et part à la conquête de son indépendance financière et intellectuelle. *"J'ai créé une entreprise de diffusion de presse, un kiosque aux Sables-d'Olonne, qui a très bien fonctionné. Cela m'a aidée à financer mes études."* Autant le comprendre tout de suite, le classicisme n'est pas la tasse de thé de celle qui, dès sa sortie d'Audencia Nantes, accède à un poste à responsabilités dans l'entreprise familiale de son mari – le groupe Tabur / Catena –, qu'elle contribuera à développer. En fait d'accession, il faut plutôt parler ici de création de poste. Elle configure le métier à sa façon, faisant du contrôle de gestion une arme de guerre au service du groupe. À 25 ans, elle entre dans l'entreprise de son beau-père pour y créer une nouvelle entité – une quincaillerie professionnelle, dans l'orbite de la maison mère – dont elle imagine tous les leviers : *"J'ai mené ce projet professionnel de manière totalement autonome, en construisant l'informatique de gestion, les gammes de produits et le fichier clients, en établissant les plans marketing et de financement. C'était passionnant."* Et porteur. En trois ans, l'entreprise compte près de 30 collaborateurs et réalise un chiffre d'affaires de

l'ordre de 3 millions d'euros. Son divorce la contraint à quitter l'entreprise neuf ans après sa création. C'est un déchirement. Sylvie Casenave a 33 ans, quatre enfants à élever seule et se retrouve sur le sable. Elle n'y restera pas longtemps.
Aller de l'avant. Rester autonome. Faire progresser sa courbe d'expériences. Trois priorités pour un itinéraire bis emprunté avec succès : *"La judiciarisation de la fonction d'entrepreneur m'a conduite à reprendre des études de droit, puis à entrer comme administrateur judiciaire stagiaire au sein de l'étude de maître Bach, à Angers. Mon stage validé, j'ai dû accompagner de nombreuses entreprises en grande difficulté – la plupart étaient en dépôt de bilan – et je me suis aperçue, au fil des dossiers, que la majorité des dirigeants de PME n'avaient peu ou pas assez de compétences dans le domaine des normes réglementaires et des process d'optimisation et qu'ils n'investissaient pas suffisamment pour maintenir des unités de production technologiquement performantes."* Elle reprend l'une de ces entreprises à la barre du tribunal de commerce, excédée par l'apathie générale. Elle reformate complètement l'entreprise spécialisée dans le packaging. Elle mise sur les SI – *"Je suis une obsédée de l'évolution technologique"* –, sur le dialogue horizontal avec les salariés – *"Nous avons mis en place une sorte de gros Twitter en interne, qui permet à chaque salarié d'exprimer ses besoins et ses idées"* –, s'investit à 200 % dans la connaissance des besoins des clients – *"Moi, je pense clients pour être au plus près de leurs besoins et traduire de manière pédagogique ces besoins aux équipes de production"* – et oriente le groupe sur une ligne RSE très déterminée – *"C'est la marque de fabrique de l'entreprise. Bâtiment HQE, pas de commerciaux sur la route, emballages éco-conçus, encres végétales... Je n'avais absolument pas envie que mon activité industrielle ait un impact sur l'environnement"*. Le résultat est à la hauteur de l'investissement porté par cette femme hors du commun : de 3 millions de CA à la reprise à 19,5 aujourd'hui, 110 salariés et une croissance permanente de 12 % l'an. En crise, l'industrie ? Pas avec des dirigeants comme Sylvie Casenave-Péré, non, certainement pas.

"L'ambition la plus répandue chez les étudiants des écoles de commerce est d'intégrer de grands groupes financiers anglo-saxons ou du CAC 40, sans regarder du côté des PME. C'est, à mon sens, une erreur d'analyse. La PME permet à des managers bien formés, comme nous l'avons été à Audencia, de conduire des aventures extraordinaires et de créer de la valeur."

"J'ai deux fonctions régaliennes dans l'entreprise : garantir l'adaptation de notre outil de travail aux besoins du client ; aller au-devant des besoins des salariés."

RAPHAËL GEISMAR

Président de STUMEC.
Promotion 2003

Raphaël Geismar est-il capable d'accélérer ou de ralentir le cours du temps ? Sans aucun doute ! Car comment expliquer autrement le fait qu'il puisse, après avoir dirigé une entreprise industrielle, leader mondial sur son marché, monter des concepts restaurants à l'autre bout du monde, ou y créer des start-up ? Alors, nous vous posons la question, Raphaël Geismar : qui êtes-vous donc ?

Diplômé d'Audencia Nantes en 2003, l'École aura permis à Raphaël Geismar de révéler – et de se révéler à lui-même – des capacités hors du commun pour mener à bien et de front différents projets. Éclectique, il a participé à l'écriture d'un livre sur les fusions/acquisitions, en collaboration avec son professeur de stratégie, lors de son stage chez Mercer Management Consulting Conseil, multiplié les projets collectifs et se sera même essayé à l'écriture d'une nouvelle pour Isegoria, l'une des nombreuses associations de l'École. *"Audencia m'a construit, m'a donné confiance en moi. Ça a été le déclic. Sans Audencia, je n'aurais jamais pu faire Harvard."* Car en effet, Raphaël Geismar, de Nantes, file à Boston, pour décrocher un MBA. Puis rentre en France à l'issue de son cursus américain pour répondre à l'appel de l'entreprise familiale.

"Avoir un esprit d'entrepreneur, selon moi, consiste à ne jamais se contenter de ce que l'on a et à toujours aller de l'avant. C'est un mouvement continu, un mouvement perpétuel."

> *"Naviguer entre un milieu industriel stable, avec des valeurs, et des secteurs beaucoup plus volatiles me va très bien. Il faut savoir s'accomplir de plusieurs manières."*

En l'espèce, un fleuron industriel de 1 000 personnes, leader mondial sur son marché, présent dans 130 pays, spécialisé dans la fourniture d'équipements de pose et d'entretien de voies ferrées. Détail intéressant : Raphaël Geismar a tout juste 25 ans lorsqu'il prend en charge l'usine de la région lyonnaise. *"Dans l'usine de Lyon, au quotidien, ce qui compte, c'est d'être là tôt le matin, de saluer les employés dans l'atelier quand ils arrivent et surtout, de prendre des décisions. Bonnes ou mauvaises. Un dirigeant est là pour décider. Bien sûr, il faut discuter, confronter les points de vue, mais en dernière analyse, c'est vous qui décidez. Une fois que la machine est enclenchée, que la décision est prise, il faut l'assumer à 100 %."*

La détermination. La responsabilité. Deux piliers qui constituent une partie du squelette entrepreneurial de Raphaël Geismar, auxquels il convient d'en ajouter un troisième : la connaissance et l'écoute des marchés et des tendances. *"Je suis fan de street art, et j'aime la bonne cuisine. Alors j'ai décidé de monter un restaurant à Hong Kong, en fait, un appartement haussmannien remodelé par des street artistes. J'en ai un deuxième sur les rails, toujours à Hong Kong, ainsi qu'une start-up dédiée au booking internet."* Pourquoi Hong Kong ? *"Parce que c'est un endroit que j'aime et où je me suis arrêté souvent lors de mes fréquents voyages en Chine afin d'établir une filiale locale. J'y ai désormais un bon réseau."* Des filiales de Geismar ? *"Depuis que je participe à l'aventure familiale, j'ai essayé de continuer à développer l'essor à l'international, caractéristique de notre métier – le marché français ne représente plus que 10 % de notre activité. Nous avons créé deux filiales, l'une en Chine, l'autre à Singapour."* Insatiable. Mais entouré. *"On ne peut pas créer, développer ou gérer une entreprise tout seul. Il faut savoir s'entourer. J'ai la chance d'avoir une équipe en qui j'ai confiance et qui m'accompagne. J'apporte une vision, un dynamisme et les choses se mettent en mouvement."* Solidité académique, vision périphérique très affûtée, mobilisation pragmatique de ses réseaux, capacité à s'entourer et à déléguer, responsabilité face à la prise de décisions, connaissance de ses marchés. Raphaël Geismar n'est peut-être pas doté de pouvoirs surnaturels, après tout... Mais il n'en est pas ordinaire pour autant.

OLIVIER RAUSSIN

Cofondateur du fonds d'investissement Project A Ventures.
Promotion 2000

Directeur de Google France, le Graal pour tout dirigeant. À 37 ans, Olivier Raussin a pourtant choisi de quitter ce job en or pour aller assouvir sa passion pour la création d'entreprise. Un changement de trajectoire qui l'a conduit à 10 000 kilomètres de son ancien bureau parisien. À São Paulo, cœur battant de l'économie brésilienne, d'où il manage, avec ses associés allemands, une équipe internationale de 500 talents !

C'était écrit. Olivier Raussin devait s'en douter. Sa place dorée chez Google France ne pourrait pas résister bien longtemps face à ses démons intérieurs. Risque, Adrénaline et Création, ce sont leurs noms, constituent un panthéon personnel assez remuant ; un attelage difficile à brider. Toutefois, comme tous les démiurges, ces trois-là sont patients, prudents, capables d'attendre le temps qu'il faut avant d'apparaître en pleine lumière. Leur histoire souterraine commence tôt. *"Le fait d'avoir pour parents deux entrepreneurs a sans doute joué un rôle fondamental dans ma trajectoire. Ensuite, mes années Audencia, notamment les années de césure, en France chez Nestlé et dans une start-up à New York, m'ont donné des ailes. En sortant d'Audencia, j'avais deux options ; Nestlé. Ou Yahoo!, qui en 2000, était le Facebook & Twitter d'aujourd'hui."* Le choix entre l'économie traditionnelle

> "J'ai été appelé chez Google par un ancien concurrent, devenu directeur de Google Europe, avec lequel j'avais sympathisé durant mes années Yahoo!. Les réseaux sont cruciaux pour avancer. Il faut investir du temps pour les cultiver selon une approche ouverte du type 'je donne avant de recevoir'."

et le monde digital est vite vu. L'ascension, sur fond de crise de la bulle Internet, saisissante. *"À 26 ans, j'ai été promu à la tête d'une équipe de sept personnes au sein d'une entreprise en forte croissance, Yahoo !."* Il est courtisé. Par Microsoft notamment, qui lui propose la direction de la régie publicitaire de MSN. Olivier Raussin accepte. Il a plus de responsabilités, plus de talents à manager, et toujours ces démons, dont l'appétit s'aiguise, à calmer. Il y parviendra deux ans durant avant que le barrage ne cède, en 2006, à la faveur d'une rencontre sur un salon professionnel. *"J'ai monté avec deux associés trois start-up en quatre ans. W2, une régie publicitaire dédiée aux blogs, Vozavi.com, un portail d'avis de consommateurs et BetAdvisor.com, un site de paris sportifs."* Les deux premières sont revendues. La troisième reste en portefeuille. Repue pour un temps, l'hydre aux trois têtes s'endort, laissant à Olivier Raussin la possibilité d'aller piloter Google France, le rêve de tout dirigeant. Nous sommes en juin 2010. La Bête se réveillera dix-huit mois plus tard.

"Les ingrédients principaux pour réussir sont, selon moi, le goût du risque, la passion et une grande capacité de travail. Viser haut, voir grand, avoir des rêves, et se donner les moyens de les réaliser."

Noël 2011. Olivier Raussin passe les fêtes avec l'un de ses meilleurs amis, un Allemand rencontré à Audencia. *"Christian Weiss était étudiant à l'université de Koblenz, une université partenaire de l'École, quand on s'est rencontrés, en 1998. Il a par la suite cofondé Rocket Internet, un fonds d'investissement internet au destin incroyable. Début 2012, il a eu l'opportunité de fonder son propre 'Rocket Internet'. On en a discuté et on s'est dit 'banco', on le fait ensemble avec trois autres ex-managing directeurs de Rocket Internet."* Comme en 2006, Risque, Adrénaline et Création sont tirés de leur demi-sommeil par une rencontre décisive. *"Project A Ventures est un fonds d'investissement nouvelle génération, appelé* company builder. *Nous créons et investissons dans des start-up internet et mobile et les accélérons à la fois via un investissement financier mais aussi grâce à l'expertise IT, marketing, opérationnelle de nos équipes."* Christian Weiss, Olivier Raussin et leur trois associés lèvent une centaine de millions d'euros en 2012, ouvrent des bureaux à Berlin et à São Paulo : 500 talents les ont rejoints à ce jour et 20 start-up ont déjà vu le jour ; les démons d'Olivier Raussin ne sont pas près de se rendormir. Une aubaine pour l'économie et les entrepreneurs.

2 RENCONTRES DU TROISIÈME TYPE

CATHERINE SCHORTER LE BRET

Chief Global Brands & Innovation Officer Dorel.
Promotion 1985

Le terrain d'expression de Catherine Schorter Le Bret est un univers en expansion permanente. Les frontières, considérées comme autant de sas ouvrant sur la diversité culturelle et l'enrichissement intellectuel et professionnel, n'existent que pour être franchies. Les équations de Friedman, appliquées au cas de Catherine Schorter Le Bret, décrivent la course solaire d'une femme enthousiaste, bienveillante, et toujours en mouvement.

Comme nombre de ses coreligionnaires, Catherine Schorter Le Bret a opté pour Audencia Nantes en raison, notamment, de son ouverture à l'international. Culturellement duale – elle est anglo-française – la jeune femme découvre à l'École une nouvelle dimension de l'altérité : dans la variété des parcours, des origines sociales et culturelles. Ce creuset de diversité, qui prolonge et enrichit l'univers familial, est doublé par l'immersion dans le monde de l'entreprise, qui la passionne. *"À Audencia, l'entreprise est une discipline à part entière. Cette culture générale, ouverte, non spécialisée, permet d'en saisir toutes les facettes. C'est une approche décisive pour des gens comme moi – je me vois comme une bâtisseuse – qui ont l'obligation d'avoir de nombreuses cordes à leur arc pour réussir."* Marketing. Stage chez Unilever – une vraie découverte – puis départ pour les États-Unis, direction l'Ohio et l'université de Columbus. *"Mon seul regret est de ne pas y avoir passé plus de temps. Les étudiants d'aujourd'hui ont une chance folle de pouvoir passer d'aussi longues périodes à l'étranger !"* De retour à Nantes, Catherine Schorter Le Bret découvre la puissance du travail d'équipe. *"Ça a été quelque chose de très formateur. Nous fonctionnions en petits groupes, où les compétences de chacun étaient injectées dans un modèle collectif, dynamique, avec une direction de projets et des objectifs."* Armée. Ambitieuse. Décidée. Catherine Schorter Le Bret part apprendre les fondamentaux sur le terrain. Au contact. *"J'ai commencé par la filière vente, chez BN General Mills. Peu de diplômés le faisaient à l'époque."* Huit ans chez Nestlé, en France puis à l'international. Pour elle, les frontières tombent, définitivement, six ans après la chute du mur de Berlin.

Catherine Schorter Le Bret est directrice marketing "chocolat" en République tchèque. C'est le choc – attendu, salutaire – des cultures. *"J'ai adoré. J'ai eu la chance de manager une équipe complètement locale, très jeune, avec une approche culturelle totalement différente de ce que je connaissais. J'ai aussi découvert la notion de segmentation ; la marque n'est pas que globale, elle est aussi locale, avec de vraies différences pour les consommateurs."* Son corpus professionnel prend de l'épaisseur, deux axes émergent : l'un lié à la vente, l'autre au développement de marques. Entre ces deux lignes, Catherine Schorter Le Bret sprinte. Elle enchaîne les postes à responsabilité : chef de secteur, de produits, de groupe, de comptes clés, responsable trade marketing, directrice du marketing... *"À un moment, après douze années passées dans de grands groupes, j'ai décidé d'aller tester autre chose."* Sa première direction générale – chez Premiers Brands France, les biscuits Cadbury – intervient alors qu'elle n'a que 36 ans.

"Nous assistons en ce moment à une sorte de renversement de l'histoire au profit de la jeune génération. La créativité, les nouvelles technologies, la capacité à développer des modèles nouveaux, rebattent les cartes. Désormais, ce sont les jeunes qui font du mentoring aux anciens. Je trouve que c'est passionnant."

"Le monde de l'entreprise est en train de s'adapter aux femmes dirigeantes. Il reste beaucoup à faire, certes, mais j'appartiens à une génération qui a dû jouer des coudes et qui voit le changement se faire doucement mais résolument. Les hommes et les femmes ont une vision complémentaire. Le métissage est important. Nous avons tous à y gagner."

Premiers plans sociaux. Cette réalité-là, brutale, fait aussi partie de la vie d'une entreprise. Elle le constate une nouvelle fois alors qu'elle est en poste chez Parker Waterman en tant que directrice du marketing international, puis à la tête des filiales France et Benelux. Plan de fermeture de site. Un épisode douloureux qui ne sera jamais oublié. En 2007, elle rejoint la direction générale de Dorel France. Une nouvelle aventure commence. Le portefeuille de responsabilités s'étoffe, les casquettes s'empilent : directrice générale France, et vice-présidence du marketing et de la R&D Dorel Europe. Enfin, courant 2013, l'aventure devient mondiale, Catherine Schorter Le Bret prend la responsabilité globale des marques et de la R&D de Dorel Juvenile, l'entité puériculture. La course solaire se poursuit. Les frontières n'existent plus.

DENIS THÉBAUD

Président-directeur général d'Innelec Multimédia.
Promotion 1969

Denis Thébaud est un homme de fer. Volontaire, ambitieux, organisé, il a construit, en trente ans de carrière, un groupe cohérent et compact, intervenant aux endroits stratégiques de la chaîne de valeur des produits multimédia : logistique, distribution, édition et désormais plate-forme de téléchargement, font de la galaxie Innelec un acteur qui compte et de Denis Thébaud un homme puissant. Mais pas encore arrivé à destination, loin s'en faut.

L'homme ne s'embarrasse pas de préambule ni de coup d'œil trop appuyé dans le rétroviseur. Droit au but, toujours. Cela fait partie de la "doctrine Thébaud". Un ensemble de 29 règles strictes qui le guident dans le monde des affaires et qu'il a consignées en 2010. On y trouve le respect de la parole donnée – bien sûr –, la vérité, l'obligation de ne rien promettre que l'on ne pourrait tenir ainsi que des maximes qui dénotent une expérience assez sûre dans le domaine de la prise de risque. Ainsi, la quatorzième, qui stipule que *"tout ce qui peut aller mal ira mal"*. Comprendre qu'il ne faut pas compter sur la chance pour décrocher la timbale mais sur la prévision, la vigilance et l'anticipation. Denis Thébaud est un homme qui dispose d'un sixième sens pour le danger et d'une méthode rodée pour agir. *"Je pense qu'il est nécessaire*

"Il y a deux sortes de dirigeants. Ceux qui agissent sur ordre, managers dans des organisations et les entrepreneurs, qui agissent en solo. Ces deux catégories sont respectables mais la première a moins de prise sur son destin. C'est pour cette raison que j'ai fait le choix de la seconde."

de multiplier les sources d'information et de les recouper. Cela implique de cultiver son réseau d'informateurs, de faire appel à des spécialistes tout en veillant, in fine, *à conserver un jugement généraliste."* Les décisions, on le voit, ne se prennent pas à l'emporte-pièce. Et pourtant ! 1983. Denis Thébaud est directeur de la distribution chez Sprague Electric où il est entré en 1971. Il s'y plaît, mais la visite du salon d'informatique familial ECTS, qui se tient à Londres, va faire voler en éclats cette stabilité apparente. En 24 heures. *"Quand je suis entré et que je suis allé sur le premier stand, j'ai vu une jeune fille qui jouait sur des jeux. Je lui ai demandé qui était son patron. Elle m'a répondu 'le patron, c'est moi'. Elle programmait des jeux – pour le ZX 81 de Sinclair, qu'elle distribuait dans plusieurs pays. Mais pas en France. J'ai pris une nuit pour réfléchir. Et le lendemain, j'y suis retourné avec des propositions concrètes à faire aux éditeurs. Ils ont suivi."* Lui démissionne dans la foulée. Il a 35 ans. L'aventure Innelec Multimédia vient de commencer.

Ses économies sont immédiatement mobilisées pour lancer son offre de vente par correspondance de produits multimédia. Il recrute des agences de publicité, réserve des espaces et... fait face à une grève géante organisée par la Poste. Qu'à cela ne tienne. Il contourne et invente... la vente par téléphone. La première alerte le rend prudent. La deuxième, onze ans plus tard, le met en difficulté. *"Un de mes fournisseurs a déposé le bilan et j'ai eu des problèmes de trésorerie. Je trouve un partenaire prêt à remettre de l'argent, qui arrive le jour de la signature en me disant qu'il n'a pas un sou. Tout le montage s'effondre. Je suis alors en cessation de paiement."* La réponse ne tarde pas. Elle est sans appel : *"J'ai décidé de me recentrer sur mes affaires les plus rentables et de me séparer de la moitié de mon personnel. Je suis redevenu profitable en deux mois. J'ai pu poursuivre ma route."* Les états d'âme n'étant pas dans sa nature, Denis Thébaud reprend à marche forcée sa route vers les sommets.

"Rien ne vaut l'indépendance."

"En 1996, j'ai définitivement apuré cette histoire. En 1998, Innelec Multimédia était cotée en bourse." Deux ans avant cet exploit, en 1996 donc, il fonde Focus Home Interactive. Complémentaire d'Innelec, Focus édite ses propres jeux et connaît de beaux succès. Distributeur physique pour les grandes surfaces et les détaillants avec Innelec Multimédia, éditeur avec Focus Home Interactive, il manquait la livraison dématérialisée. Le projet débute en 2010. Allbrary est une plate-forme de distribution online pour les livres, les logiciels, les jeux vidéo, la musique... La version bêta sera en test début 2014, elle a les ambitions de son fondateur : *"Je souhaite concurrencer Google, Amazon et Apple. C'est un marché de 150 milliards d'euros. Je ne vois pas pourquoi je n'en prendrais pas une part."* Effectivement.

Rencontres exceptionnelles :
Ce sont de véritables serial entrepreneurs

* 5 Portraits
* 5 raisons d'entreprendre

JE SERAI CHEF D'ENTREPRISE

mon père est très fier de ce que tu fais pour l'école

Eh, Zoé je n'en ferai jamais autant que lui

Tu as moins de moyens

Non, je parle de sa disponibilité pour les étudiants et les diplômés

Je t'embrasse. Tu me manques

Préparer Rendez-vous INCUBÉS

- PDF récupéré sur le site http://www.audencia.com

SYMBIOSE : Centrale / Audencia

" 60 entreprises créées
" 41 toujours en activité
" 9 entreprises créées/an

Plusieurs centaines d'emplois créés

SYMBIOSE

l'incubateur catalyseur de compétences

En 2013, les incubateurs d'Audencia Group et de l'École Centrale de Nantes fusionnent pour donner naissance à **SYMBIOSE**

Centrale Nantes

Arnaud Poitou
Directeur École Centrale de Nantes

Une création d'entreprise, c'est un fantastique projet abouti avec une création de valeur. Cette création de valeur est d'autant plus optimisée qu'elle est enrichie de différents regards et d'appuis techniques qui permettent au créateur de se concentrer sur le cœur de son projet.

Un incubateur dans un environnement mixte où se rejoignent de futurs managers et de futurs ingénieurs, tel que SYMBIOSE, incubateur Audencia - Centrale Nantes, est un atout supplémentaire pour les futurs entrepreneurs.

www.ec-nantes.fr

Audencia Nantes
École de Management

Frank Vidal
Directeur Général Audencia Group

Les grands entrepreneurs doivent toujours leur succès à un travail en équipe. Vous serez toujours en bonne compagnie pour entreprendre avec Symbiose, l'incubateur d'Audencia et de l'École Centrale, que vous lanciez votre projet dans la région nantaise ou ailleurs.

Notre savoir-faire et notre expertise en ingénierie entrepreneuriale vous permettront de faire face aux défis de la création et du développement d'une entreprise. Vous profiterez également des échanges avec d'autres entrepreneurs, et nos partenaires certifiés.

www.audencia.com

L'incubateur est soutenu par des dons d'entreprises et de diplômés via la FONDATION AUDENCIA

LIRE D'URGENCE LE RAPPORT

WARNING
Préparer interviews
Frank Vidal
Jean Charroin

Amener les textes rédigés pour les soumettre aux dirigeants déjà interrogés

J'ai réussi à avoir une invitation pour Zoé. Elle va kiffer !!!

L'ÉVÉNEMENT

AUDENCIA ALUMNI AWARDS

Novembre !

Dans 10 jours à peine se dérouleront à Paris les Audencia Alumni Awards. Le moment pour la 5e école de management mondiale dans le domaine de la responsabilité globale (classement FT) **de choisir ses lauréats. Les plus beaux parcours seront récompensés.**

Business mag - 03/11

Est-ce la crise de la quarantaine ?
Je ne sais pas ce que je dois faire ...

SAVE THE DATE

AUDENCIA ALUMNI AWARDS

← Y ALLER DE TOUTES FAÇONS

Le Campus Paris nouveau camp de base du MS.MOS

25e étage de la tour Montparnasse

Paris sous la pluie ...

→ Novembre

Je flotte un peu moi en ce moment... Que faire de mes quarante ans ? Oser ? Tout changer ? Ou retourner dans ce que je sais faire ? Une spécialiste des réseaux sociaux, du M-Banking et des infrastructures systèmes ne devrait pas avoir de mal à trouver quelque chose... Mais en ai-je envie? Lucie ma chérie, tu te mets trop la pression. Il y a à peine deux mois et demi que tu as quitté Hong Kong, et tu es déjà en panique. Savoure Paris !! Ouais. Il faut que je prenne mon temps. Et puis qui sait, revoir tous les anciens de ma promo lors des Awards va peut-être tout changer... Les rencontres ont toujours tout changé dans ma vie. Allez, hop, shopping et un déj avec Karine et Claire pour me changer les idées.

un film pour un réseau de créateurs d'entreprise
incubée à l'École ? Celui-là s'impose !

Vincent ROUX / Jonathan CHARIER

Yves LE GOHEBEL / Jérôme PASQUET

BAT signé

VINCENT ROUX

Codirecteur d'Intuiti.
Promotion 2004

Vincent Roux est fondamentalement un entrepreneur et un entrepreneur fondamentalement humain. Son cursus à Audencia a dû être aménagé pour lui permettre de concilier cours et activités entrepreneuriales ; son sens de l'écoute et sa capacité à travailler en réseau lui auront par la suite offert de belles réussites et autant de rencontres.

Il y a quelque chose d'admirable chez cet homme. Ce n'est pas tant sa réussite qui séduit – l'agence conseil Intuiti, référencement et webmarketing, est pourtant bel et bien une *success story* – que sa profonde humanité. À dire vrai, il n'est pas impossible que sa réussite, Vincent Roux la doive autant à ses talents d'entrepreneur qu'à sa générosité. Il a érigé l'intérêt manifeste qu'il porte à ses contemporains en *business model* et fait de la relation clients une zone si confortable que l'expression de besoins tourne à l'évidence. Vincent Roux et ses associés ont créé au sein de leur agence – 23 salariés, 2,5 M€ de chiffre d'affaires – un laboratoire d'écoute. Drôle de concept ? Pas tant que ça. *"On est parti d'un postulat simple : chacun de nous est victime de ses idées reçues. Dans le domaine du web, il y a beaucoup de proclamations d'expertise. La question était de savoir qui allait être juge de paix."* Leur réponse est unanime : *"C'est l'utilisateur. Il fallait donc que nous l'écoutions. Notre métier, au fond, est d'accompagner le client à structurer sa propre réflexion, jusqu'à en faire un projet opérationnel qu'il aura lui-même contribué à créer."* Ne jamais aller contre l'humain, faire avec ce qu'il est, en toutes circonstances. La réussite de l'agence tient sans doute à cela. Et aussi au fait que les associés – ils sont trois – ont compris très tôt que leur rôle ne serait pas d'avoir une expertise globale – *"nous avons des experts pour chacun de nos métiers"* – mais bien de donner un cadre dans lequel les salariés pourraient s'épanouir. *"L'une de mes plus belles rencontres, c'est à mon premier*

> "Le truc 'bateau', c'est de dire que tout échec est positif. Le truc moins bateau, c'est d'essayer de trouver du positif dans les échecs ! Il faut pourtant s'efforcer de le faire. C'est une nécessité pour un chef d'entreprise."

salarié que je la dois. J'avais 24 ans, il en avait quasiment 30, et on a commencé face à face dans un petit bureau, une salle d'exposition de carrelage ! Notre collaboration a duré presque huit ans." L'humanité et l'amitié comme fils rouges. Et Audencia Nantes, comme fil conducteur. *"L'École a été importante pour beaucoup de choses dans mon existence. Les rencontres que j'y ai faites, les contacts provoqués lors de mon incubation."* Une période faste pour lui, comme pour l'École, puisque c'est à travers son accompagnement – par son professeur d'entrepreneuriat – que sera prototypé le mode de fonctionnement de l'incubateur. La rencontre avec Arnaud Chaigneaux, l'un de ses associés, qui sort lui aussi d'Audencia Nantes, comptera également énormément. *"J'ai aussi appris à Audencia une vertu essentielle : savoir se remettre en question."* Nul doute qu'il y soit parvenu. Et de quelle manière !

BAT signé

JONATHAN CHARIER

Président fondateur de Pulse & Pulpe.
Promotion 2010 - Master spécialisé Marketing Design et Création (MDC)

Le renversement de tendance comme modèle économique ? Une intuition signée Jonathan Charier qui veut que le produit s'adapte enfin au consommateur quel qu'il soit : enfant, personne âgée, adulte en pleine forme ou handicapé. La fusion de l'ergonomie et de l'esthétique au service de produits pour tous en somme.

Le raisonnement est socialement justifié, intellectuellement audacieux et techniquement faisable. Reste à savoir, désormais, s'il est économiquement viable. On peut raisonnablement le penser, au regard du démarrage en fanfare de Pulse & Pulpe, start-up conçue et pilotée par Jonathan Charier, comptant aujourd'hui sept personnes. *"Au début, cela a commencé comme une blague potache pour mon mémoire de fin d'études. Lors d'un échange de groupes sur nos sujets, j'ai dit : 'Moi, je vais faire un truc sur les toilettes !' Le directeur du master – marketing / design à Audencia – a trouvé l'idée excellente, partant du constat que rien ou très peu de choses étaient faites dans ce domaine. Et c'était vrai."* Jonathan Charier, qui vient de clore un premier cycle professionnel dans la finance et les achats, prend le mors aux dents. Stage chez Wirquin, spécialiste du sanitaire, et une idée qui prend forme. Qui bientôt s'affirme : *"Une amie qui a une hypersensibilité allergique m'a dit : 'Si un jour je trouve une boîte prête à créer et développer des produits non stigmatisants – c'est-à-dire avec une esthétique qui ne les qualifie pas comme destinés aux handicapés – à un prix abordable, même s'ils sont un peu plus chers, je suis prête à les acheter, à communiquer dessus, voire, potentiellement, à financer le projet.'"* Il ne lui en fallait pas plus. Pulse & Pulpe – créée avec son binôme Anne-Sophie Keruzoré, designer – concevra donc ses produits qui partent du handicap mais qui seront adressés à 100 % de la population. Ils intègrent l'incubateur Symbiose. Bien leur en prend. Les synergies se mettent en place. Les choses s'accélèrent. L'aventure devient collective.

"L'incubateur est bluffant. On acquiert immédiatement une crédibilité auprès de nos actionnaires. On est conseillé par des professeurs et on bénéficie des retours d'expériences des autres incubés."

Et Jonathan Charier, jamais en panne d'intuitions positives, imagine alors un test marché à partir des plates-formes de *crowdfunding* : *"On présente un produit sur une de ces plates-formes pour le financer, si la jauge qui permet le développement est atteinte, cela implique qu'il y a un marché et qu'on peut y aller. Dans le cas contraire, on rembourse."*
Pulse & Pulpe : simple & efficace ? Assurément ! Avant de lancer le premier test sur plate-forme, Jonathan Charier a présenté son concept sur le salon Maison&Objet. 250 000 euros de devis, des journalistes du monde entier qui se ruent sur ses dossiers de presse… L'inversion de la charge de la preuve est en marche.

L'interview de Frank Vidal

DIRECTEUR GÉNÉRAL D'AUDENCIA GROUP

par Benjamin Stardighan

"CE QUE NOUS SOUHAITONS, C'EST QUESTIONNER ET ADAPTER EN PERMANENCE NOS ENSEIGNEMENTS POUR LEUR DONNER TOUJOURS PLUS DE SENS."

B.S. : Monsieur le Directeur général, depuis que j'ai commencé à conduire cette série d'entretiens, j'ai rencontré des dirigeants qui ont tous en commun d'avoir une fibre entrepreneuriale très développée et une approche sociétale qui l'est tout autant. À quoi cela tient-il ?

F.V. : *Pour un personnage de fiction, vous avez un esprit de synthèse tout à fait remarquable !*

B.S. : Merci beaucoup monsieur...

F.V. : *Je vous en prie. Pour en revenir à votre question, c'est vrai, cette approche fait partie de notre ADN. Audencia Nantes a pour première ambition de contribuer à l'émergence de nouvelles manières de faire du business, d'inspirer de nouveaux modèles économiques qui allient efficacité, innovation et responsabilité.*

B.S. : Concernant le premier aspect, l'entrepreneuriat – et de façon désinteressée bien sûr... – quels sont les actions ou les outils qui sont proposés aux étudiants ?

F.V. : *À Audencia Nantes, l'entrepreneuriat est soutenu grâce à un dispositif très complet de sensibilisation, de passage à l'acte et d'accompagnement du porteur de projet et de la jeune entreprise. Ici, tous les étudiants suivent un enseignement spécifiquement dédié à l'acte d'entreprendre, notamment au sein du programme Grande École. Tous les étudiants ont à conduire la mise en œuvre d'un projet de création d'entreprise. En fin de première année, les élèves participent au concours Audace, qui leur commande de présenter, devant un jury, un projet de business plan qu'ils auront conçu en équipe. Pour ceux dont la fibre s'est confirmée, ou dont la vocation est née, nous proposons une majeure consacrée à l'entrepreneuriat. C'est une majeure très sélective qui en aborde tous les aspects, de manière assez... intense.*

B.S. : Je viens de rencontrer certains "incubés". J'imaginais ce dispositif un peu à la manière d'un simulateur. C'est au contraire un outil très opérationnel qui "produit" des entreprises pérennes...

F.V. : *En effet. Symbiose, l'incubateur commun à Audencia et l'École Centrale – qui réunit donc les talents des managers d'Audencia et des ingénieurs de Centrale – a bien vocation à créer des entreprises viables, qui se développent. Certaines d'entre elles sont de belles réussites. Nous en sommes très fiers.*

B.S. : Est-ce que le supplément d'âme de l'École, son approche assez unique concernant la RSE, peut expliquer certaines de ses réussites ?

F.V. : *C'est indéniable. Ce que nous souhaitons, c'est questionner et adapter en permanence nos enseignements pour leur donner toujours plus de sens. Notre objectif prioritaire est de permettre à des diplômés, bien formés techniquement, d'avoir une prise de leadership responsable. Ces futurs dirigeants doivent être en mesure de comprendre l'impact de leurs décisions sur la société, l'environnement et d'agir en conséquence. C'est pour cela que nous rendons si poreuses les frontières du management. Et que nous sommes reconnus par l'ONU comme une des 25 institutions dans le monde capables de produire ces nouveaux modèles de management, si déterminants pour l'avenir.*

"NOTRE PROJET PÉDAGOGIQUE VISE TRÈS CLAIREMENT À FAVORISER L'EXPRESSION DES TALENTS AU COURS D'UN PROCESSUS LONG QUI DOIT CONDUIRE À L'ÉPANOUISSEMENT DE L'INDIVIDU."

B.S. : Monsieur le Directeur, lors de mon voyage au contact des dirigeants diplômés d'Audencia Nantes, j'ai été frappé par la grande liberté qu'ils s'autorisent dans leur manière de penser le monde et de s'y mouvoir. Peut-on parler, à ce propos, d'une singularité Audencia ?

J.C. : *C'est effectivement l'un des marqueurs importants de l'École. Notre projet pédagogique vise très clairement à favoriser l'expression des talents au cours d'un processus long qui doit conduire à l'épanouissement de l'individu. Nous souhaitons qu'Audencia Nantes soit un réceptacle d'opportunités. C'est pour cette raison que nous proposons, en parallèle des enseignements dédiés au management, différents cursus – culture générale, ingénierie, sciences politiques, beaux-arts, droit, architecture... – permettant d'appréhender la richesse et la complexité du monde. La possibilité pour les étudiants de choisir leur cursus est par ailleurs un gage de motivation supplémentaire. L'année de projet individuel du programme Grande École (qui permet de mettre sa scolarité entre parenthèses pendant un an pour conduire un projet personnel, culturel, humanitaire ou sportif) est aussi conçue dans cet esprit : donner du sens à son apprentissage.*

B.S. : L'un des dirigeants que j'ai eu la chance de questionner m'a dit "la force d'Audencia, c'est qu'elle nous apprend à apprendre." Ce qui implique une grande confiance faite aux étudiants. Car en plus d'offrir un très bon niveau académique, l'École "brasse large", ouvre les esprits, permettant la remise en cause, la critique, la discussion...

J.C. : *Oui, c'est fondamental. À Audencia Nantes, un étudiant sera mis dans un creuset de diversité qui favorise cette distanciation, cette prise de hauteur, sans lesquelles on ne peut pas entreprendre. Un étudiant de première année en cycle Master aura à côtoyer 80 élèves ingénieurs en double diplôme, 200 élèves internationaux en échange ou en double diplôme... Et, bien sûr, il travaillera au quotidien avec un corps professoral de très haut niveau, ces 90 professeurs permanents qui contribuent à la production scientifique de l'École, qui assurent le travail d'interfaçage avec le monde professionnel et qui mobilisent leur production au profit des enseignements dispensés...*

L'interview de Jean Charroin

DIRECTEUR D'AUDENCIA NANTES ET DIRECTEUR ADJOINT D'AUDENCIA GROUP

par Benjamin Stardighan

BAT signé

YVES LE GOHEBEL

Président fondateur de Connexing.
Promotion 2008 - Executive MBA

La manière utilisée par Yves Le Goehebel pour devenir entrepreneur ne manque pas de sel. Trivialement parlant, on pourrait même dire que c'est assez gonflé. Souhaitant, depuis son premier diplôme – un DUT obtenu il y a 22 ans –, monter une entreprise, et attendant une idée de génie qui tardait à venir, il a franchi le Rubicon en quadra décidé, et fait de son ancien employeur son premier sous-traitant.

Ne jamais rien lâcher. C'est, en somme, la leçon administrée de main de maître par Yves Le Gohebel. Retour en arrière. Nous sommes en 1987. Le jeune homme termine son DUT Techniques de commercialisation avec une idée fixe : devenir entrepreneur. Qui se heurte à une idée reçue : *"Il me faut une idée de génie."* Toutes ces idées qui se percutent grippent la machine à entreprendre. C'est la panne sèche. Yves Le Gohebel entre en salariat comme on loupe une finale sur blessure, déçu, mais nullement résigné.

Mars 2003. Yves Le Gohebel débarque chez Itancia, une entreprise du Maine-et-Loire qui a commencé son activité, en 1991, en commercialisant des matériels de téléphonie éco-recyclés, avant de se diversifier et de grandir. Yves Le Gohebel en devient bientôt le directeur général opérationnel et suit, toujours en poste, un cursus d'Executive MBA chez Audencia Nantes. L'accès aux responsabilités ? Le déclic à l'approche de la quarantaine ? La cause importe peu. Yves Le Gohebel, au culot, décide d'aller voir son PDG pour lui parler de son projet : créer une entreprise qui commercialisera des téléphones fixes issus de parcs obsolètes et remis à neuf... par Itancia. Bingo. Le patron suit, séduit par cette idée d'essaimage. À peine sorti de son MBA, Yves Le Gohebel est incubé. Il restera quatre mois. Quatre mois seulement ? *"L'endroit est vite devenu trop petit pour nous. Je devais accueillir de nouveaux collaborateurs. Pour autant, je continuais à jouir de mon statut d'incubé malgré mon départ et les conseils dont j'ai pu bénéficier ont été cruciaux."* Mars 2009. Connexing – c'est son nom – est lancé. *"À chaque téléphone vendu, nous plantons un arbre, nous en avons planté 12 000 l'année dernière, nous en planterons 8 000 de plus cette année."* Recyclage, dynamisme, responsabilité sociale et environnementale – une trajectoire furieusement Audencia – et un succès qui enfle. 2013, Connexing s'appuie sur un staff de 25 collaborateurs, compte 2 500 clients en portefefeuille – plutôt des grands comptes – et réalise 7 millions d'euros de chiffre d'affaires pour 10 prévus l'année prochaine ! Yves Le Gohebel n'a peut-être pas eu l'idée de génie qu'il souhaitait avoir quand il était plus jeune – qu'est-ce que ça aurait été ! – mais il a démontré, de toute évidence, tout l'intérêt de ne pas abandonner ses rêves.

"Les statuts de dirigeant en entreprise et d'entrepreneur n'ont rien à voir. Toutefois, les acquis de l'entreprise sont utiles quand celle que vous avez créée grandit. J'ai appris dans mon 'ancienne vie' à manager, à développer, à fidéliser mes collaborateurs. Autant de compétences que j'utilise au quotidien."

BAT signé

JÉRÔME PASQUET

Directeur général et cofondateur de 10-vins.com.
Promotion 2006 - MBA

Ambition, rencontres, double compétence. Ce tiercé, touché dans l'ordre, vaut aujourd'hui à Jérôme Pasquet d'être directeur général d'une entreprise qu'il a cofondée en décembre 2012, après quinze années passées dans le conseil et le *supply chain management*. De *supply chain*, il est encore un peu question aujourd'hui, mais appliqué à un tout autre domaine que ceux qu'il a connus jusqu'ici !

Diplômé en 1997 de l'École d'ingénieurs en génie des systèmes industriels, Jérôme Pasquet a toujours su qu'il acquerrait une autre compétence dans le domaine de la gestion. Histoire d'être armé pour la création d'entreprise ? *"Oui, c'était là, très présent. J'ai eu cet exemple. Mon père, profession libérale, a créé son affaire."* En attendant d'avoir le déclic décisif, Jérôme Pasquet entame une brillante carrière dans le domaine du conseil et de la *supply chain* – la science de l'organisation et de la planification logistique –, à l'étranger d'abord, puis en France ; *logistic manager* au Royaume-Uni pour le compte de Schneider Electric, consultant *supply chain* pour Cap Gemini / Ernst & Young, consultant senior chez PwC… puis IBM. Pour Jérôme Pasquet, c'est le moment. L'intitulé du cursus suivi à Audencia laisse peu de place au doute quant à sa signification future : *"MBA Business Development and entrepreneurship"*. 2006. Exit IBM, direction Yves Rocher. Il y restera presque cinq ans, le temps de rencontrer ses deux futurs associés. Après un détour de deux ans chez Manitou – cette fois en tant que *supply chain planning manager* –, il se lance : *"J'ai toujours eu envie de m'orienter vers le créneau B to C. Et mon idée était d'allier le numérique et le physique."* Ce sera 10-vins.com : *"Nous faisons de la distribution de vins, c'est entendu, mais notre approche est de passer de la bouteille au verre et du verre à la bouteille ! Nous livrons des coffrets avec des échantillons de vins – l'équivalent d'un verre – à nos abonnés et nous organisons une dégustation 'en réseau', via Twitter ou une webcam, avec notre œnologue. Si le vin plaît, il est commandé."* Concept innovant, marché compliqué ; raison de plus pour se rapprocher de l'incubateur Centrale Audencia Nantes : *"Le passage par l'incubateur nous a été bénéfique à deux titres. D'abord, dans le domaine de la vente et du marketing, ensuite dans les facilités offertes par l'École Centrale, car 10-vins.com comporte un volet technique important."* En effet, le prochain développement de la société passera par la mise au point d'une machine capable de mettre le vin dans des conditions optimales de service – en termes d'aération et de température –, reprenant ainsi le fameux *business model* Nespresso… mais appliqué au vin. Santé !

"Je pense qu'un bon chef d'entreprise doit être dynamique, tenace, audacieux, créatif, avoir confiance en lui… et avoir un bon sens de l'humour pour être capable de prendre de la hauteur, parce que c'est une formidable aventure humaine mais également un sacré challenge !"

"L'institut pour l'innovation et l'Entrepreneuriat nous permettra de poursuivre et d'approfondir notre travail consacré à l'émergence de nouveaux business modèles, innovants et responsables."

Frank Vidal,
directeur général d'Audencia Group

Je ne me suis vraiment pas trompé d'école !

LA MARAINVILLE / DÉCEMBRE

SALUT GRAND MEC,
J'AI HÂTE DE TE VOIR DÉBARQUER À LA MAISON. MON PÈRE AUSSI. IL NE PARLE QUE DE ÇA. DEPUIS QUE MAMAN EST PARTIE, LES MOMENTS OÙ L'ON SE RETROUVE ENSEMBLE (AVEC TOI) LUI FONT UN BIEN FOU. ALEX A PRÉFÉRÉ FILER AU SKI AVEC SES POTES QUE DE VENIR S'ENNUYER À LA MARAINVILLE. NOTRE MAISON NE L'A JAMAIS BEAUCOUP ATTIRÉ. J'AI EU UNE IDÉE QUI VA TE METTRE DU VENT DANS LES VOILES MON GARS. JE NE PEUX ENCORE RIEN TE DIRE, J'AI DEUX OU TROIS TRUCS À VÉRIFIER AVANT DE ME LANCER, MAIS PRÉVOIS UN PRINTEMPS AGITÉ ET UN ÉTÉ SURVOLTÉ. LE CONCOURS AUDACE VA TROUVER À QUI PARLER, TU ME PEUX ME CROIRE. À CE PROPOS, AURAIS-TU DE L'INFO SUR LE CONSEIL CARRIÈRES ? JE BOSSE COMME UNE FOLLE ET MES ANNÉES DE PRÉPA M'AURONT SERVI À POUVOIR ALIGNER 15 HEURES DE BOULOT D'AFFILÉE SANS ME DÉCONCENTRER. BON, JE M'Y REMETS. TU VAS ÊTRE FIER DE MOI.

JE T'EMBRASSE FORT.

ZOÉ

Lucie Castaix est une femme formidable ! Et je me suis aperçu en discutant avec elle lors de la soirée des Awards que je n'étais pas le seul à me poser des questions.

Appelez-moi à mon retour de Belgrade

LC

LUCIE CASTAIX
Spécialiste en M-Banking
l.castaix@castaix.com
(00) 33.01.42.34.84.12

Lucie fan de sport ?

Cet Alex, non mais quel âne !

Je crois que j'ai eu une idée...
Pour elle, pas pour moi !

À CE PROPOS, AURAIS-TU DE L'INFO SUR LE CONSEIL CARRIÈRES ?

Capture d'écran de l'espace Conseil Carrières sur le site my Audencia network.

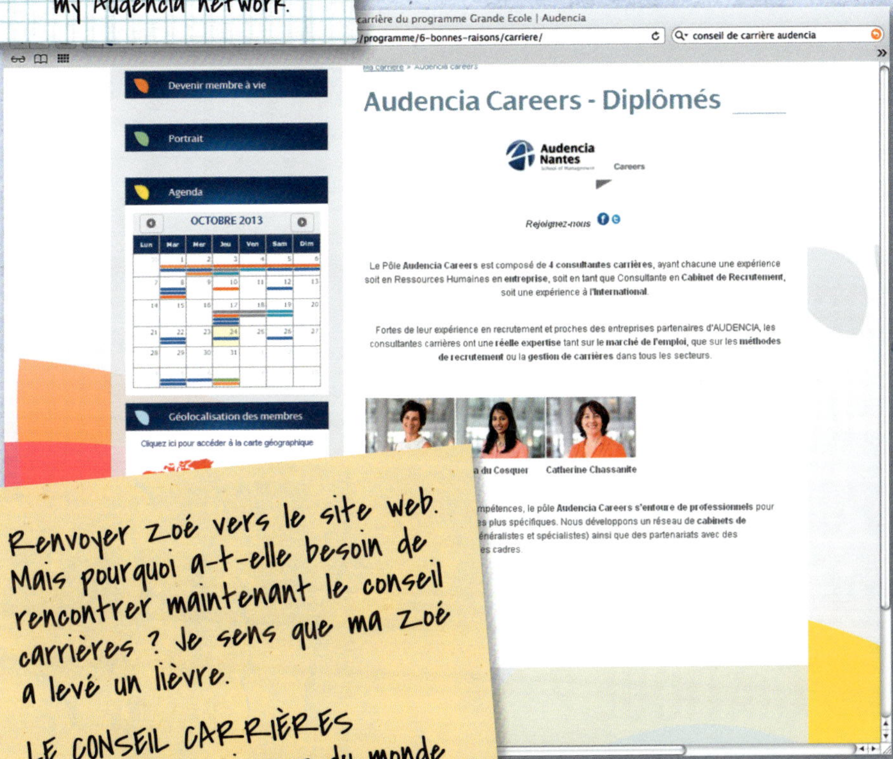

Renvoyer Zoé vers le site web. Mais pourquoi a-t-elle besoin de rencontrer maintenant le conseil carrières ? Je sens que ma Zoé a levé un lièvre.

LE CONSEIL CARRIÈRES
4 consultantes issues du monde de l'entreprise pour aider les étudiants à construire un parcours sur mesure.
+ 25 cabinets d'experts associés
Contact : Agnès Marchand
(33) 02.40.37.46.13

Sur Twitter : @AudenciaCareers

T'es parti vite !

Rendez-vous avec Alex.
Il me prend la tête :(

J'ai pas mal avancé
cet après-midi

Quelle matière ?

Droit. Je kiffe !

T'es malade

:)) Tu me rejoins ?

J'aimerais bien. Mais non.
Mon père t'embrasse

Je vais l'appeler

ELLES ONT MIS LE FEU

CHAMPIONNAT DU MONDE DE HANDBALL FÉMININ

LES BLEUES SE QUALIFIENT

POLÉMIQUE : HANDBALL FÉMININ, POURQUOI SI PEU DE COUVERTURE MÉDIATIQUE ?

" NOUS NE POUVONS PAS DIFFUSER PLUS DE MATCHS "

C'EST UNE VÉRITABLE HONTE !

On se demande !?

Forever blue ... → Décembre

Je suis à Belgrade. Les championnats du monde font plus que tenir leurs promesses. Je n'avais pas vibré comme ça depuis l'OPA sur TaïKa. Plus je vois ces jeunes femmes qui se défoncent, qui suent et se battent, et plus j'ai envie de les aider. Oui, mais comment ? Je l'ignore. Je viens de recevoir un texto de ce jeune Ben Stardighan, rencontré aux Awards. Il a eu une idée dont il veut me parler... de toute urgence. Ah, la fougue de la jeunesse.

J'adore ce film ! Et ça fait un très bon titre de chapitre

Je deviens bon, non ?

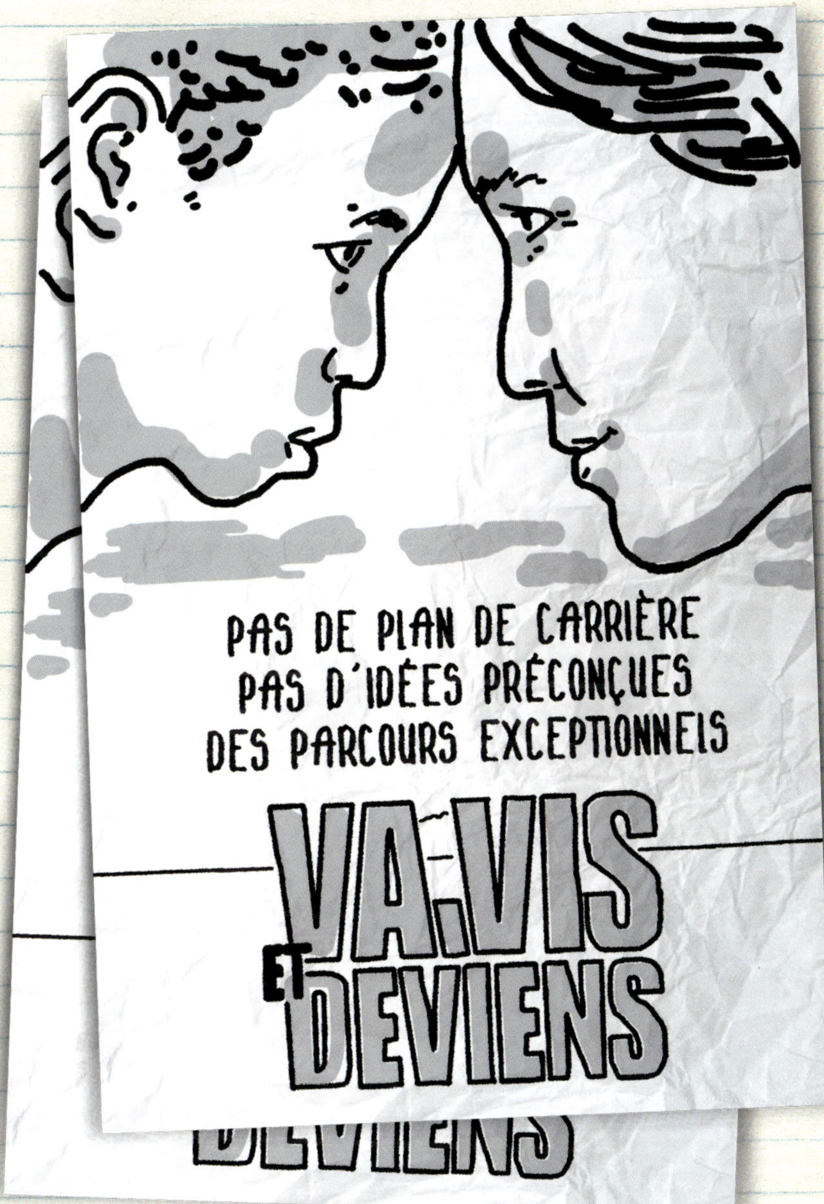

Patrice CHÉRAMY / Yann HINSINGER / Patrick ILIOU / Alain MITAUX / Damien VERDIER

PATRICE CHÉRAMY

Directeur général du Crédit Agricole de Vendée.
Promotion 1981

Taillé pour l'international, passionné par le marketing, cet amoureux de la terre et de l'entreprise aura déjoué ses propres prévisions en restant trente années durant au Crédit Agricole. Son sillon n'aura toutefois jamais eu ce caractère rectiligne que l'on pourrait prêter – à tort – aux carrières de la banque, et c'est en chef d'entreprise parmi les chefs d'entreprise qu'il conçoit aujourd'hui son activité.

Ce que l'existence peut être ficelle parfois ! Elle joue des tours, avance ses pions pour mieux les reculer – mouvements compliqués, déplacements erratiques –, propose puis dispose... ne laissant d'autres choix, finalement, que l'adaptation et l'action. À ce petit jeu, Patrice Chéramy est un expert. *"À une demi-heure près, mon existence eut été complètement différente."* Juste diplômé, attendant deux réponses à des candidatures issues de deux entreprises dissemblables – *"le Crédit Agricole pour un job dans le marketing, Dior pour un poste à l'international"* –, le jeune homme choisira – au cadran et à l'instinct – la première. *"Les ressources humaines de la banque m'ont contacté avec trente minutes d'avance sur celles de Dior."* Ce choix lui convient. Marié à une jeune Allemande qui ne parle pas notre langue, l'obligation de passer les 9/10e de son temps à l'étranger lui pose problème. *"Au début, je me suis dit que je testerais cette entreprise pendant deux ou trois ans et qu'ensuite, j'irais voir ailleurs."* Mais voilà, Patrice Chéramy découvre la variété des métiers du groupe et les possibilités de rebonds permanents qu'il offre. Pour peu qu'on se saisisse des opportunités – ce qu'il ne manque pas de faire : *"Sur le papier, j'ai passé plus de trente ans au Crédit Agricole. Dans les faits, j'ai eu neuf affectations différentes dans neuf directions régionales différentes, à des niveaux et sur des métiers très différents."* Marketing, commercial, bancaire, RH , entreprises, puis direction générale... La banque lui offre tout, et un supplément d'âme décisif, un modèle qui fait écho à sa personnalité : l'épaisseur humaine de la banque mutualiste. La primauté de l'homme sur le tout-économique, l'ancrage

Pages maquettées. BAT signé

territorial, la décision décentralisée… Dès lors, la volonté de changer de maison n'a plus lieu d'être. Patrice Chéramy poursuit son ascension, persuadé d'avoir opté pour le bon sommet à conquérir.

En 2007-2008, le séisme de la crise des *subprimes* fait vaciller tout le système bancaire international. Les banques sont désormais dans l'œil du cyclone, montrées du doigt. Les contrôles se durcissent. Réponses politiques face à une opinion publique qui gronde, les nouvelles règles d'encadrement des pratiques bancaires – notamment celles prévues par Bâle III, qui entreront en vigueur en janvier 2014 – mobilisent les équipes, mettent le management sous pression. Et conforte Patrice Chéramy dans ses convictions. Il est nécessaire de proposer une banque de détail fondamentalement inscrite dans son territoire : *"Concernant les entreprises, il se peut que l'on assiste à une désintermédiation de la banque au profit du financement de marché, mais pensez-vous que les petites PME de Vendée ou de Loire-Atlantique pourront facilement lever des capitaux auprès de business angels qui regardent d'abord, et avant tout, le taux de rentabilité ?"* Patrice Cheramy continuera donc à soutenir le tissu économique du territoire. Rien ne bouge, donc ? Au contraire. Tout et tout le temps. *"Pour rester ce que l'on est, il faut savoir changer en permanence."* Cette maxime, qu'il utilise souvent, Patrice Chéramy l'applique en ce moment pour favoriser l'émergence de la banque digitale : *"Je pense que, couplée à une capacité de réassurance représentée par les points de vente physique, le modèle sera très efficace."* Il faut donc des nouveaux profils ? *"Oui, dans ce domaine comme dans celui de la RSE, où nous sommes très présents, il y a de nouvelles compétences à faire valoir. Les jeunes ont de très bonnes cartes à jouer."* Et de conclure par cette intuition rassurante : *"Je ne pense pas que nous traversions une crise. Il s'agit plutôt d'un changement de modèle qui offre des opportunités comme on n'en a peut-être jamais eu !"*

"En tant que chef d'entreprise, j'interdis que l'on parle de plan de carrière. C'est une approche paternaliste que je trouve faussement rassurante. Il est plus risqué de dire à un collaborateur qu'il a un plan de carrière tout fait que de lui montrer que toutes les opportunités sont ouvertes."

"La banque vous permet de rencontrer des gens incroyables, je suis au cœur de l'économie. Je suis un chef d'entreprise dont le métier est de financer et d'accompagner l'économie."

YANN HINSINGER

Directeur général Marques du Groupe ERAM.
Promotion 1991

Le produit. Peu importe son origine, pourvu qu'il soit de qualité. Peu importe qu'il soit alimentaire, en bois, grand, petit, qu'il soit en laine d'Écosse ou en jersey, pourvu qu'il faille le distribuer… Le produit est – et a toujours été – la passion de Yann Hinsinger. Pas de plan de carrière – des rencontres. Pas de plans tirés sur la comète, mais une ambition : distribuer des produits avec brio.

1991. Alors que certains de ses camarades de promotion fondent sur les grands groupes publics qui s'ouvrent sur l'extérieur – France Télécom/Wanadoo, la Poste… –, alors que d'autres, empruntant la voie royale commerciale, investissent des maisons comme Danone ou Suchard, Yann Hinsinger, seul ou presque, monte au front, direction : la grande distribution. Un choix étrange pour ses contemporains, évident pour lui : *"Je partais du principe que le secteur d'activité n'avait finalement que peu d'importance. Ce qui m'intéressait, c'était le marketing produit. J'étais attiré par le produit."* Et pour y accéder, le mieux est encore de passer par le terrain. Ce que fait Yann Hinsinger. Groupe Mulliez. Auchan. Chef de rayon. Lequel ? *"Quand vous entrez chez Auchan, vous ignorez quel rayon vous sera attribué. J'aimais l'alimentaire. J'ai eu le textile homme."*

À 22 ans, il hérite en fait d'une véritable petite PME – *"À cette époque-là, chaque rayon était indépendant, vous aviez vos comptes d'exploitation, la responsabilité de votre résultat, vous deviez surveiller et gérer vos achats…"* Les 18 personnes qu'il a sous sa responsabilité l'obligent, par ailleurs, à une formation accélérée et *in vivo* du management en zone de turbulences. *"Les rythmes étaient fous – 13 heures par jour, 6 jours sur 7 ! – mais quelle ambiance…"* Yann Hinsinger aime être au cœur du réacteur. Ça ne lui réussit pas trop mal : il devient référent national pour les acheteurs qui s'apprêtent à partir en Asie, à la centrale d'achat de Villeneuve-d'Ascq. Centrale qui lui fait un appel du pied pour qu'il la rejoigne. Ce n'est pas du goût de son directeur de magasin, qui lui refuse cette mobilité. Mauvaise méthode. Yann Hinsinger n'est pas quelqu'un que l'on retient par la contrainte.

"J'ai quitté Auchan et rejoint Pimkie. Acheteur, chef de produit, chef de groupe – un petit d'abord, un gros ensuite – puis directeur des achats." Le produit, toujours, qui le propulse vers les hautes sphères.
Des questions sur la stratégie, un peu de lassitude aussi, et voilà Yann Hinsinger qui vole vers de nouveaux horizons, après douze ans de bons et loyaux services chez Pimkie. Il répond à une annonce parue dans *Le Journal du textile* et candidate pour le poste de directeur général du groupe ERAM. La marque aux slogans cultes a besoin de se repenser et de faire peau neuve pour renouer avec les bénéfices. Elle prend le taureau par les cornes et charge Yann Hinsinger de restructurer l'entreprise. Les équipes, séduites par cette volonté de modernisation et la pugnacité du nouveau DG, adhèrent immédiatement. *"Il y avait une mentalité d'entreprise de production, il fallait entrer dans une logique de distributeurs."* Les résultats suivent. Le chiffre d'affaires repart.

"Quand je m'entoure, je cherche toujours quelqu'un qui pourrait me faire de l'ombre et qui serait capable de me remplacer. C'est comme cela qu'on tire les équipes vers le haut, que l'on crée une dynamique."

"Audencia compte parmi les plus belles années de ma vie. L'École m'a apporté la maturité et la curiosité, l'envie de collaborer avec des gens venus d'horizons divers. En somme, tout ce qui m'anime encore aujourd'hui."

Les bénéfices suivent bientôt. Mais Yann Hinsinger est déjà ailleurs, toujours dans le groupe détenu par la famille Biotteau, mais ailleurs. Tati, colosse aux pieds d'argile – 600 millions d'euros de chiffre d'affaires mais des marges faibles ou inexistantes –, a besoin d'un coup de fouet. Yann Hinsinger applique la même méthode mais en l'adaptant au monde du hard discount. On restructure les équipes afin de former une direction générale de combat capable de voler de ses propres ailes et on rationalise. C'est chose faite en trois ans. Désormais directeur général Marques du groupe, chargé du développement de la stratégie monde et des acquisitions de marques. Yann Hinsinger – tout en gardant un pied dans l'opérationnel, mais comment pourrait-il en être autrement ? – ajoute donc un axe stratégique à sa carrière. En s'appuyant naturellement sur son expérience du terrain. *"C'est très intéressant de savoir profiter de son expérience passée pour aller de l'avant."* Au regard de celle qu'il accumule désormais, la suite risque d'être passionnante !

PATRICK ILIOU

Directeur général adjoint de l'Olympique Lyonnais.
Promotion 1993

La mobilité, selon Patrick Iliou, est une qualité incontournable dans la carrière d'un dirigeant et recouvre plusieurs notions. Au sens premier du terme, elle est bien géographique et permet aux jeunes diplômés, comme aux dirigeants chevronnés, d'acquérir compétences et ouverture d'esprit. Mais pour le DGA de l'Olympique Lyonnais, la mobilité est aussi – et peut-être avant toute autre chose – une vision du rôle de dirigeant qui favorise la prise de hauteur. Et l'assemblage de compétences acquises au travers de rencontres et de différentes fonctions occupées au long d'un parcours professionnel.

Patrick Iliou reste un fervent supporter de l'audit. Ne comptez pas sur lui pour céder aux modes et aux tendances factices qui le considèrent, parfois et à tort, comme un choix par défaut. L'audit est un atout maître pour avancer. *"À mon époque, dans les années 90, c'était la 'voie royale'. Nous étions près de 90 % à nous y porter. C'est différent, semble-t-il, aujourd'hui. Pourtant, je demeure persuadé que c'est une excellente discipline pour bâtir les fondations d'une carrière."* Pourquoi ? *"Parce que vous allez pouvoir être en contact et analyser, en peu de temps, le fonctionnement de dizaines d'entreprises, que vous auriez mis plusieurs années à connaître si vous étiez passé par chacune d'elles."* Parole de spécialiste. Et preuve à l'appui. 1993. Patrick Iliou entre chez KPMG Audit après un stage. Il y reste trois ans et, comme souvent dans l'audit, est embauché par l'un de ses clients. *"Les Comptoirs Modernes de Rennes m'ont fait une proposition et je les ai rejoints. La personne qui m'a recruté était un ancien d'Audencia, ce qui prouve l'importance des rencontres et la nécessité d'un réseau fort au sein d'une école."* Les Comptoirs Modernes de Rennes (magasins STOC) deviennent CHAMPION (Groupe Carrefour) et l'ascension de Patrick Iliou, au sein du groupe de distribution, s'effectue rapidement par le biais de fonctions très diverses. *"J'ai quitté l'audit pour les fruits et légumes, pour un parcours initiatique déterminant ! Ensuite, j'ai connu plusieurs postes :*

"Les qualités que doit avoir un dirigeant changent. Autrefois – il n'y a pas si longtemps –, on était sûr de ses forces et du lendemain. Ce n'est plus vrai aujourd'hui. L'adaptation, la capacité à se remettre en question sont désormais des valeurs essentielles."

directeur d'un supermarché à Rennes, puis directeur financier et directeur des achats et de la logistique." Enfin, il prend la direction d'un réseau de supermarchés, d'abord à Bourges, puis à Lyon. Il change d'échelle. *"Là, c'était un peu différent, je gérais 2 200 personnes et 600 M€ de chiffre d'affaires en direct !"* Entré dans la grande distribution grâce à une rencontre, c'est également une rencontre qui l'en fera sortir.

"Un soir, en 2006, j'ai rencontré le président de l'Olympique Lyonnais, Jean-Michel Aulas. Nous avons discuté et il m'a parlé de ses projets : développer le merchandising du club et le projet de Grand Stade de Lyon. L'homme m'a plu. Comme ses projets." Il se jette alors à 120 % dans ce nouveau défi en veillant à conserver l'approche terrain et la remise en cause systématique apprise dans ses précédentes missions. *"C'est quelque chose qui est important. Rester concentré sur sa mission et ses objectifs, à plus forte raison quand le milieu dans lequel vous évoluez est assez médiatique."* Une attitude que ses années Audencia Nantes auront participé à développer : *"L'École, au-delà des savoirs académiques qu'elle a pu me fournir, a surtout contribué à me forger une personnalité ouverte et m'a offert les moyens de m'adapter à des situations très diverses."* Et question adaptation, Patrick Iliou a dû mettre les bouchées doubles pour réussir à passer, sans sas de dépressurisation, de la grande distribution au monde du sport et de l'élite sportive. *"Le chantier du Grand Stade (405 M€) qui m'a été confié est un dossier passionnant. Les clubs de football sont assez dépendants des droits télé. Or, comme pour toute entreprise, il est important de diversifier ses revenus. La réponse des grands clubs européens, dont nous faisons partie, a été de se porter sur des relais de croissance, en l'espèce, les grands stades. Et les formidables succès, tant en termes d'affluence que de revenus, du Bayern de Munich avec l'Allianz Arena ou d'Arsenal avec l'Emirates Stadium démontrent la pertinence de ce modèle économique."* Mais ici, le business et la version transversale de l'entreprise ne suffisent plus, il faut intégrer d'autres dimensions, comme l'aménagement du territoire, les projets d'agglomération, la vision *"métropole européenne"*, la création d'emplois et de valeurs... Bref, savoir faire preuve de mobilité intellectuelle afin d'associer des compétences qui ne vont pas de soi mais dont la complémentarité permet de résoudre des problématiques multiples.

"Il est indispensable de croire en ses capacités et de savoir parfois modifier sa vision de dirigeant en se fixant un objectif précis mais évolutif."

ALAIN MITAUX

Fondateur d'Alinéa.
Promotion 1969

Vauvenargues, le moraliste, avait pour chaque état une citation et pour toute situation un bon mot. Ce qui est étrange, c'est que la plupart d'entre eux s'appliquent à merveille au parcours d'Alain Mitaux. "Un homme sans passion est un roi sans sujet" ? L'essence même de la trajectoire du créateur d'Alinéa. "Il est bon d'être ferme par tempérament, et flexible par réflexion" ? Sa définition même du manager ! Furieuse coïncidence !

Voilà un homme à qui l'on ne fera pas dire que la grande distribution est un monde sans âme et que rien de ce qui s'y fait n'est intéressant. Il a pour ces métiers une passion intacte et tout son parcours, depuis son entrée chez Auchan en 1975, porte la marque d'un intérêt qui ne s'est jamais démenti : *"Je dirais que la grande distribution est extrêmement simple dans son principe, mais extrêmement compliquée dans sa réalisation. C'est un monde passionnant, plein d'opportunités, de technicité, qui propose de très nombreuses passerelles entre les fonctions, entre les enseignes, et entre la France et l'international."* Alain Mitaux sait de quoi il parle, pour avoir éprouvé, vite et sans heurt, la plupart des fonctions opérationnelles d'un grand magasin. *"Je suis entré chez Auchan pour quitter l'industrie, qui ne me correspondait pas et parce que la situation géographique du poste que l'on me proposait m'intéressait. J'ai débuté comme responsable de rayon."* Un poste qu'il quittera vite au profit de celui de responsable de département, puis de directeur adjoint. Six ans après son arrivée, Alain Mitaux est directeur de l'hypermarché d'Aubagne, 10 000 m² et 600 personnes, mais une idée, désormais, le taraude : la création d'entreprise. *"J'avais antérieurement créé un magasin de brocante avec mon épouse. Après mon divorce, j'ai eu l'envie de créer à nouveau. Je ne souhaitais pas aller vers les services centraux ; j'aime trop le terrain."* Comme souvent – toujours ? – dans les grandes histoires, la collision entre plusieurs facteurs détermine la suite des événements, leur imprimant vitesse et mouvement.

Alain Mitaux se met au travail et planche sur un projet de création d'un magasin de centre-ville consacré à la décoration et aux meubles anciens. Au même moment, une initiative vient percuter sa réflexion : *"Gérard Mulliez, patron du groupe Auchan, émet l'idée, lors d'un meeting d'encadrement, d'offrir la possibilité à tous les dirigeants de la société de créer une affaire tout en restant les patrons de leur propre unité. En cas de succès du projet, on y mettrait des gens et des ressources pour le faire avancer et, éventuellement, le jour où tout cela prendrait corps, nous y serions associés."* Une telle aubaine, à ce moment-là, ne se refuse pas. Alain Mitaux se précipite. L'idée de Gérard Mulliez pour diversifier son groupe est brillante. Mais trop en avance, sans doute, pour l'époque ; les managers n'adhèrent pas. Sauf quelques-uns. Dont, bien sûr, Alain Mitaux.

"Ma décision est prise, et j'en fais part à ma hiérarchie. Je propose le développement d'une chaîne de magasins dans le domaine du mobilier et de la décoration – secteur inexistant dans le groupe –, et plus précisément, dans le domaine du jeune habitat. J'en perçois tout le potentiel avec le développement d'enseignes telles que Ikea, Habitat ou Fly. J'aurai à convaincre le groupe – en premier lieu un comité stratégique créé à cette occasion – du bien-fondé de mon projet. Le processus sera long : il débute en 1985 et j'obtiendrai le feu vert au cours de l'année 1988. Mais je suis déterminé… Lorsque Gérard Mulliez – que je rencontre pour obtenir l'aval définitif – me dit au final que je vais devoir démissionner pour me consacrer pleinement à mon projet (contrairement à l'idée initiale), je décide – et curieusement personne n'y verra rien à redire – de créer un premier magasin de 3 000 m² au lieu des 1 000 m² qui avait donné lieu à d'âpres négociations." Après une année d'apprentissage de ce nouveau métier, et la mise au point du concept, le succès est au rendez-vous, et les ouvertures s'enchaînent. *"En 2006, quand j'ai quitté la direction générale, Alinéa s'appuyait sur un réseau de 13 magasins de 3 000 à 10 000 m², réalisait un chiffre d'affaires de l'ordre de 260 M€, et comptait 1 700 salariés."* Alain Mitaux reste au conseil d'administration jusqu'en 2009, avant de tourner définitivement la page. *"Je laisse un groupe en ordre de marche qui est appelé à créer deux ou trois magasins par an."* En 2013, l'enseigne compte 23 magasins et poursuit son développement. *"La nature a donné aux grands hommes de faire, et aux autres de juger."* Furieuse coïncidence, décidément.

"Je ne dirige pas de manière autoritaire, j'essaye d'intéresser les gens. J'ai parfois cédé à des collaborateurs des pans de mon activité que j'aurais préféré garder parce que c'était la garantie de les passionner."

"Ce qui explique prioritairement la réussite d'Alinéa, c'est l'écoute du client. On sentait des attentes de telle ou telle nature et on y répondait. Ce succès s'est construit avec beaucoup d'agitation d'idées."

DAMIEN VERDIER

Group Executive Vice President and Chief Marketing Officer Sodexo.
Promotion 1979

Ne rien prévoir et tout envisager. En 1979, Damien Verdier entre dans une entreprise de services en expansion dont la vision, la stratégie et les valeurs annoncent le possible essor planétaire. 10 000 personnes à son arrivée ; 420 000 aujourd'hui. Stagiaire en 1979, membre du comité exécutif et Responsable Mondial du Marketing et de la Stratégie en 2013. La carrière de Damien Verdier interroge. Et passionne.

Comment fait-on pour détecter, à 20 ans, la bonne entreprise ? Celle qui donnera l'élan nécessaire à une mise sur orbite réussie ou qui autorisera, en interne, la conduite d'une carrière ascensionnelle passionnante ? Cette question, tous les étudiants se la posent et se la reposent. Et la réponse est… qu'il n'y a pas de réponse. Il y a juste une multitude d'indices, des intuitions et des données éparses qu'il convient d'agréger dans une réflexion pragmatique qui embrasse large. Prenons l'exemple de Damien Verdier. Étudiant à Audencia Nantes, il se rapproche de Sodexo pour le compte d'une association dont il est membre. Objectif de ce premier contact ? Placer des étudiants étrangers en quête de stages. L'entreprise Sodexo décline l'offre mais se déclare en revanche prête à l'accueillir, lui. *"À l'époque, j'ignorais tout du cœur de métier de Sodexo mais je savais qu'il travaillait dans le domaine des services – alors en pleine expansion – et que le stage qu'il me proposait serait très ouvert."* Secteur en croissance, orientation généraliste, les antennes de Damien Verdier se mettent à crisser. Il accepte. *"J'ai circulé entre la Bretagne et les Pays de la Loire. La culture de cette entreprise m'a séduit. Ce que je voyais par ailleurs, c'étaient les énormes capacités de croissance de cette entreprise, qui grossissait sous mes yeux et qui souhaitait s'internationaliser et devenir mondiale."* Prise de recul, analyse macro-économique *in situ*, création d'un embryon de réseau. Sa religion est faite : Sodexo est prometteur. Il l'intègre dès sa sortie d'Audencia.

Chef de secteur à Tours, apprentissage global : management, relation clients, ressources humaines, tenue des budgets. Il a 22 ans. À 28, il prend la direction régionale des Pays de la Loire. L'heure est à la consolidation des acquis. À l'acquisition de nouvelles compétences. Dont la réflexion stratégique. Qui l'entraîne à la direction générale de Sodexo France Entreprises & Administrations. 10 000 salariés sous sa houlette, un staff de directeurs – pour les ressources humaines, le financier, le marketing... – qu'il faut animer au quotidien tout en veillant à maintenir déployée une vision de moyen terme à cinq ans. *"J'ai été nommé directeur général France cinq ans plus tard. Cet ensemble pesait 1 milliard et demi d'euros de chiffre d'affaires et employait 25 000 personnes."* Réformes de structure pour repartir en croissance et des décisions nécessairement difficiles à prendre. *"J'ai appris à ce moment-là ce que signifiait avoir du courage."* Le compteur affiche 24 ans dans l'entreprise. Les portes de l'international s'ouvrent. *"Mes supérieurs me proposent alors quelque chose de totalement différent."*

"Lors de mon premier job, j'ai rencontré des gens de terrain qui m'ont aidé à me former. Ils connaissaient bien leur métier – certains le pratiquaient depuis l'âge de 14 ans. J'ai eu ensuite la chance de rencontrer des patrons qui ont complété ma formation et qui m'ont vraiment beaucoup apporté."

"La gestion des paradoxes est essentielle pour un dirigeant. Comment réussir le court terme tout en continuant à construire une vision à long terme ? Comment garder le client et renégocier le contrat ? Comment améliorer la productivité sans démotiver les équipes ? Le manager doit être prêt à affronter ce genre de dilemmes."

Damien Verdier endosse le rôle de directeur Stratégie pour l'Europe. De 25 000 salariés à trois collaborateurs en l'espace d'un instant. La prise de recul est vertigineuse. *"Ce poste a été une chance incroyable. L'idée était d'aider les patrons des différents pays – Scandinavie, pays de l'Est – à bâtir leur stratégie sur la base de mon expérience. Ce travail de transmission a été passionnant, parce qu'en plus des rencontres, il me permettait de voir des réalités différentes, des pays en croissance, des petits et des grands, des économies matures..."* 2005, il entre au comité exécutif. Il animera désormais, au niveau planétaire, quatre grands réseaux : le marketing, la structure achat, le développement durable et la fidélisation client. Les nouvelles compétences s'empilent. La vision mondiale est désormais son quotidien, les responsabilités énormes, le plaisir intact.

5 NOUVEAUX DIRIGEANTS INTERROGÉS LE MOIS DERNIER

+sieurs enseignements MAJEURS !

* On peut changer de trajectoire – du tout au tout – en... restant dans la même entreprise
* Faire confiance à ses intuitions / suivre son instinct
* Écouter ses passions
* TRAVAILLER / TRAVAILLER ÉNORMÉMENT (ça tombe bien, j'adore ça)

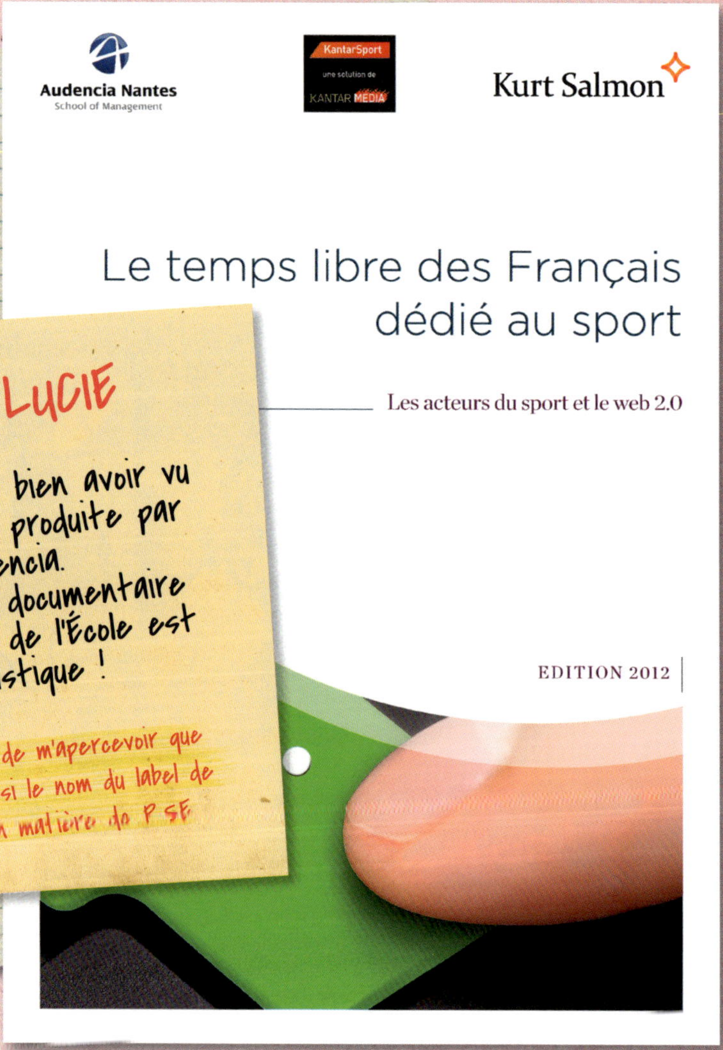

POUR LUCIE

Il me semblait bien avoir vu cette étude produite par Audencia.
La richesse documentaire du site web de l'École est fantastique !

P.S : Je viens de m'apercevoir que Lucie était aussi le nom du label de référence en matière de RSE

AUDENCIA, PREMIER PÔLE D'ENSEIGNEMENT SUPÉRIEUR LABELLISÉ LUCIE

Au courrier aujourd'hui Zoé chef d'entreprise ? et CÉLIBATAIRE !!!

MON BUSINESS PLAN POUR LE CONCOURS AUDACE.

(TU VEUX EN ÊTRE ?)

MAIL À SUIVRE POUR T'EXPLIQUER L'IDÉE !!!

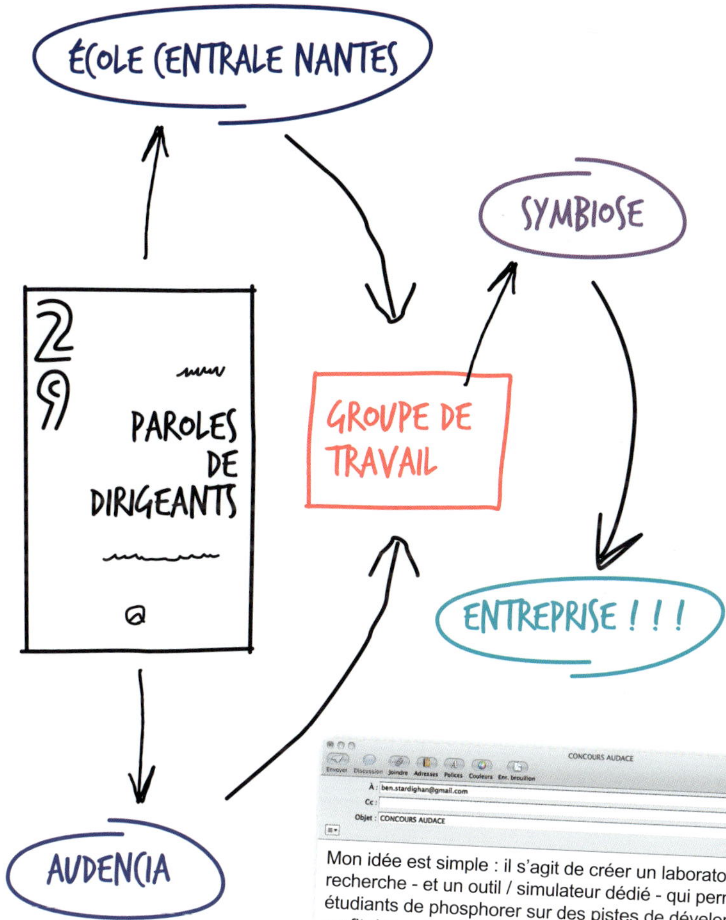

P.S : J'AI LARGUÉ ALEX !

CONCOURS AUDACE

À : ben.stardighan@gmail.com

Cc :

Objet : CONCOURS AUDACE

Mon idée est simple : il s'agit de créer un laboratoire de recherche - et un outil / simulateur dédié - qui permettraient aux étudiants de phosphorer sur des pistes de développement au profit des entreprises et des dirigeants qui figurent dans le livre. Un simulateur économique évolutif - que l'on implémente au fur et à mesure, sans jamais s'arrêter (et développé bien sûr en partenariat avec nos amis de Centrale Nantes) - opère un premier filtre. Le jury de Symbiose, un deuxième. Les idées jugées prometteuses font l'objet d'une création d'entreprise et sont incubées par Symbiose. J'aime cette idée de rendre la pareille aux dirigeants qui nous aident au quotidien en leur offrant le fruit de notre créativité et de nos brainstormings débridés. Tu imagines ? En plus je crois savoir que cette thématique entre dans le champ d'intervention de la fondation Audencia !

Donne-moi ton sentiment. On se voit tout à l'heure.

Je t'embrasse fort.

Le mail de Zoé : Quelle idée de génie !

JE CRÉE MA BOÎTE !

Ben et moi avons eu la même idée !!! Ce garçon m'épate. Son envoi d'hier – les acteurs du sport et le web 2.0 – m'a servi de fil rouge depuis mon arrivée en France. Depuis que les responsables du MS MOS m'ont donné cette étude en octobre. Il ne lui aura pas fallu beaucoup de temps pour croiser mon expérience en Mobile Banking et ma passion pour le sport de haut niveau (Hand en tête !) OUI, je vais utiliser ma connaissance des réseaux sociaux, et du marketing 2.0 pour aider les clubs.
OUI, je vais devenir CHEF D'ENTREPRISE !!!
LC Sports 2.0 (mon futur nom ?) aura pour objectif de commercialiser des stratégies de communication 2.0 auprès des clubs de sport prometteurs et d'affirmer leur présence en ligne. Objectif : augmenter le nombre de spectateurs lors des matchs ou des compétitions.

- POUR faciliter leur recherche de sponsors (bientôt la deuxième activité de LC Sports ?)
- POUR permettre l'émergence médiatique de certains sports et augmenter leur visibilité média. En ligne de mire : LA DIFFUSION TÉLÉ !

Je vais construire mon business plan avec les gens du MS MOS. Et avec mon nouvel ami... Ben Stardighan.

LC SPORTS 2.0

LUCIE CASTAIX SE QUALIFIE !!!

Mon idée pour nommer ce chapitre ! Zoé adore !!!

Essai de croquis n°1

Dominique-Thierry BAMAS / Thierry BLANDINIÈRES / Erik CAMPANINI / Éric DODIN / Cyrille DUVAL

DOMINIQUE BAMAS

Directeur général de Manitou.
Promotion 1982

Dominique Bamas aurait-il horreur de la ligne droite ? Sa carrière, en tout cas, ressemble au tracé du circuit de Monaco. Les virages en épingle à cheveux, les changements de pneumatiques par gros temps et un sens ardent du collectif et de la gagne ont fait du pilote un fin manœuvrier courtisé par de nombreuses écuries.

S'il fallait poursuivre dans la veine automobile, on pourrait dire que l'entame de carrière de Dominique Bamas s'est faite sur Formule 3000 et qu'il évolue désormais à bord d'une monoplace performante au sein de l'élite de la Formule 1. 1982. Dominique Bamas sort d'Audencia Nantes après une majeure en finance et s'oriente assez logiquement vers un diplôme d'expert-comptable. Diplôme qui lui offre une très belle première montée en gamme. L'Ordre lui décerne le prix du meilleur mémoire d'expertise comptable, publie ses travaux et lui ouvre des perspectives de carrière intéressantes. *"J'avais 28 ans et j'évoluais alors au sein du cabinet PW. J'y ai passé quatre années... avant de racheter mon propre cabinet."* Cabinet qu'il fusionne bientôt avec une autre institution de la place nantaise. Le nouvel ensemble comprend sept associés et cinquante collaborateurs.

"J'ai toujours été capitaine sans être le meilleur. Audencia m'a appris l'humilité et a forgé ma détermination pour avancer et me dépasser."

L'accès à la notabilité, des revenus importants auraient tôt fait de canaliser toute autre trajectoire que la sienne et de fixer un homme à son destin. Oui, mais voilà, Dominique Bamas rêve d'autre chose : *"Six ans plus tard, je me suis dit qu'il serait intéressant pour moi d'élargir un peu mon horizon, d'aborder des sujets plus internationaux."* Deuxième changement d'écurie. Le groupe Roullier, basé à Saint-Malo, est un des leaders français dans le domaine de la nutrition des plantes et des animaux. Il y fait son entrée. Il y restera dix-sept ans, occupant tous les postes à responsabilité : directeur financier de filiale, directeur de la consolidation, directeur financier du groupe, membre du Comex. Il part en Espagne s'occuper des activités du groupe, rentre en France et prend la présidence de la division Chimie. Les résultats obtenus dans le développement des segments matières premières, nutrition animale, plasturgie et activités minières, en France comme à l'international, le mettent sur le podium. Et en situation désormais d'être chassé par de gros poissons.

"Il est impossible de faire de grandes choses lorsque la confiance entre vos collaborateurs et vous n'existe pas. La confiance et le plaisir de travailler ensemble sont essentiels. Il faut aimer l'autre pour avancer."

Sa force ? Leadership, passion du management, sens du collectif, modestie : *"Je me suis toujours entouré de gens meilleurs que moi. La constitution d'une bonne équipe est la responsabilité première d'un dirigeant. Il ne faut jamais craindre de vous associer à des gens qui vous sont supérieurs, cela permet de pouvoir déléguer, d'avoir de bons conseils et de bonnes recommandations. Et naturellement, cela vous fait progresser."* Cette intelligence et cette humilité n'échappent pas au groupe Axéréal, qui l'appelle en 2008 : *"Axéréal est la première coopérative céréalière de l'Hexagone. Elle venait juste de naître de la fusion de deux groupes leaders, que je devais unifier."* La quatrième écurie du pilote n'est pas une maison simple à conduire. Le mode de gouvernance peut tourner au casse-tête : *"Le conseil d'administration fonctionnait sur un mode paritaire avec deux groupes de neuf administrateurs qui disposaient des mêmes pouvoirs."* En cas de consensus, les choses avancent. Dans le cas contraire, c'est la panne sèche. Dominique Bamas s'aperçoit qu'il n'aura pas les coudées franches pour mener son projet à bien. L'aventure coopérative s'arrête. Administrateur indépendant du groupe Manitou depuis 2009, il en devient le directeur général dans un rôle de management en transition en 2013. Ce circuit-là ne sera pas simple à négocier non plus, il le sait d'emblée. *"Le management de transition est une expérience assez complexe puisque vous avez l'obligation de jongler entre les affaires courantes et les projets structurants pour l'avenir, projets dont vous savez que vous ne les porterez pas jusqu'au bout. C'est un poids et des responsabilités supplémentaires."* Travailler d'arrache-pied pour des résultats qui seront portés au crédit d'une autre équipe ? L'humilité de Dominique Bamas l'empêche, semble-t-il, de s'embarrasser de tels calculs. Il continue à négocier ses virages. Avec brio.

5 LES SENTIERS DE LA GLOIRE

THIERRY BLANDINIÈRES

Directeur général de l'Union InVivo.
Promotion 1983

Le Sud-Ouest. Une région dont on ne se défait pas. Que l'on bifurque par Nantes, Paris, les États-Unis, le Japon, l'Angleterre, par Procter & Gamble ou Avon... le Sud-Ouest, quand on y est né, ne vous lâche pas. Thierry Blandinières en sait quelque chose. Il aura baroudé, c'est un fait, mais le Briviste savait bien qu'un jour, il y reviendrait. Alors à la fin des années 80, bardé de solides références et l'appétit grand ouvert, il rentre au bercail. Il y fera de grandes choses.

De Brive-la-Gaillarde à Toulouse. De l'adolescence à l'âge adulte. Thierry Blandinières a 17 ans, il est juste bachelier lorsqu'il prend sa première tangente et quitte le cocon familial pour partir à la conquête du monde. Et de lui-même. *"Partir tôt facilite la prise d'autonomie et donc d'initiatives."* Le rêve américain toujours très vivace à la fin des années 70 – le conduit à choisir Audencia Nantes après Toulouse. Il ira bien aux États-Unis mais c'est peut-être à l'École qu'il découvrira vraiment le sens de l'engagement et l'envie de s'impliquer : *"J'avais observé, à l'époque, qu'il n'y avait pas de bureau des sports. Je me suis dit qu'il faudrait peut-être y remédier."* Il commence par le rugby – naturellement – et décroche un ticket pour la finale des Grandes Écoles au tournoi de Montpellier, contre HEC. Les autres sports suivent. *"J'avais identifié un leader dans chaque discipline, je leur ai proposé de me rejoindre."* Il fédère les énergies – un pli qui ne le quittera jamais –, bâtit un projet où chacun pourra trouver sa place – une seconde nature – et se construit, ce faisant, un univers des possibles. Tout est ouvert pour peu qu'on le veuille. Diplôme Service militaire. Japon. *"Grâce à l'École, j'ai pu accompagner un groupe d'entreprises de la région. Nous visitions des entreprises l'après-midi et participions à des soirées japonaises ensuite. Le modèle économique était à l'opposé de celui que j'avais découvert aux États-Unis."* Premier emploi. Orienté commercial et marketing, Thierry Blandinières va faire ses classes pendant près de trois ans et demi chez Procter & Gamble , il y apprend à structurer une démarche professionnelle, acquiert des techniques de vente et les leviers du marketing. Il quitte Procter pour Avon,

l'hygiène pour la beauté, la vente pour le marketing et la France pour l'Angleterre. *"J'ai décroché un job de chef de produit qui m'a mis au contact d'Italiens, d'Espagnols et d'Allemands. Le choc des cultures est une expérience à vivre."* Lui n'oublie pas la sienne. L'Européenne de Gastronomie, filiale de la banque Hénin-Indosuez, se lance dans la structuration d'un pôle "luxe hors liquide". Foie gras, caviar, saumon... Foie gras ? Sud-Ouest. Thierry Blandinières ! *"Originaire de Brive, région du foie gras, disposant d'une bonne culture internationale, je les ai intéressés."* Ce projet deviendra "Labeyrie, les produits de la fête" et la création d'une marque professionnelle : Rougier. *" Définir des concepts porteurs de valeur ajoutée et atteindre une taille critique pour leur permettre d'exister, voilà ce qui me plaît."*
1993. La crise économique pousse la banque Hénin-Indosuez à vendre l'Européenne de Gastronomie "par appartements". Thierry Blandinières rejoint Limoges et le groupe familial Madrange, au poste de directeur marketing commercial puis directeur général délégué.

"Le management par la hiérarchie, je n'y crois pas beaucoup. Un manager doit savoir catalyser les énergies. Pour cela, il doit convaincre, amener les gens à partager une vision. Pas l'imposer."

"Avec InVivo, je change d'échelle. L'ensemble n'est pas très connu mais il réalise 6 milliards d'euros de chiffre d'affaires, regroupe 290 coopératives et doit affirmer sa présence à l'international."

Il y passe dix années pendant lesquelles Madrange voit sa taille multipliée par quatre ! Le Sud-Ouest se rappelle à son bon souvenir. Delpeyrat/Maïsadour. La coopérative est en difficulté. Il faut créer de la valeur ajoutée. Il devient directeur adjoint du groupe et président de Delpeyrat. Une double casquette pour un challenge à la mesure de son ambition. *"J'ai appliqué ce que je savais faire, j'ai redressé l'entreprise Delpeyrat."* En deux ans. Mais pour Thierry Blandinières, redresser ne suffit pas. Il faut développer. En quatre ans, le groupe renoue avec la croissance, réalise 400 millions d'euros de chiffre d'affaires et emploie 1 600 salariés. En 2008, Thierry Blandinières est élu entrepreneur de l'année par le magazine *Entreprendre*. Il prend alors la direction générale de Maïsadour et lui fait franchir la barre du milliard d'euros de chiffre d'affaires. Où s'arrêtera-t-il ? Il ne s'arrêtera pas ! Après dix années passées chez Maïsadour, il vient de prendre la direction générale de l'Union InVivo, plus grand groupe coopératif français. Il quitte le Sud-Ouest pour Paris. Vraiment ?

ERIK CAMPANINI

Associé du cabinet BearingPoint, en charge de l'activité conseil marketing, vente et service clients pour la France et responsable de l'offre de conseil digital au niveau monde.
Promotion 1996

Le conseil. Un univers composite passionnant… et déterminant. À l'heure du changement de paradigme sociétal et économique, au moment où la rapidité des échanges entre les individus – et entre les individus et les marques – n'a jamais été aussi élevée, le conseil apparaît comme l'interface décisive pour préparer et prévoir, et augmenter, demain, sa capacité d'action. Erik Campanini, associé chez BearingPoint, arme les entreprises pour leur permettre de maîtriser leur destin. Un pied ici, l'autre dans le futur.

Le monde bouge ? Non, il mute. Et à toute vitesse. Comprendre ce qui est à l'œuvre aujourd'hui n'est pas une mince affaire. Séparer le bon grain de l'ivraie, déterminer ce qui relève de la tendance de fond et ce qui tient de la mode, dissocier les voies de garage darwiniennes des grandes évolutions systémiques est pourtant vital pour les entreprises. Problème : la complexité de ce qui se joue en ce moment, couplée aux pressions du court terme des dirigeants, freine, gêne ou empêche cette analyse. Au risque de propulser les organisations, mal préparées et donc fragilisées, dans un monde nouveau. Au péril, dans le pire des cas, d'en voir certaines disparaître. Solution : faire appel à quelqu'un du calibre d'Erik Campanini.

Son métier, simplifié à outrance : aider les entreprises à se transformer pour affronter le maelström. Principalement dans le domaine du digital. Ses outils pour atteindre cet objectif ? Un bagage académique solide et vingt années d'expérience. *"En sortant d'Audencia, en 1996, j'ai été faire mes classes dans une petite SSII – Micropole / Univers Informatique –, dans laquelle j'étais responsable de la relation commerciale avec des grands comptes internationaux. Durant cette période, j'ai également été amené à développer des partenariats qui m'ont mis au contact d'Arthur Andersen."* Il rejoint le prestigieux cabinet au début du siècle, enchaîne les missions et devient un spécialiste reconnu dans le domaine de la relation client digital et l'im-

Pages maquettées. BAT signé

pact des nouvelles technologies dans la transformation des entreprises. À 35 ans, il est le plus jeune consultant à entrer au comité de direction. Il est associé du cabinet qui a changé de nom et qui s'appelle désormais BearingPoint.
"Les mutations de ces vingt dernières années ont profondément modifié la manière de piloter une société. Dans le domaine du conseil, nous avons été très sollicités pour accompagner ces changements. Nous avons travaillé sur l'optimisation des process – à l'aune de ce que permettaient les nouvelles technologies –, nous avons rationalisé... Mais demain, la priorité sera sûrement de pouvoir offrir aux organisations, aux hommes et aux femmes qui les animent, plus de souplesse et d'agilité." Pour suivre ce mouvement, il étoffe ses compétences par des cycles de formation ultra-pointus orientés sur l'humain. *"Je suis certifié Coaching and Team Building, Programmation Neurolinguistique et formé à la Process Communication."* La révolution est déjà en marche.

"Si c'était à refaire ? Je recommence de la même manière, à 200 %, et en commençant par Audencia. La diversité des profils et la curiosité des jeunes diplômés est fantastique !"

"La première qualité que doit avoir un associé chez BearingPoint, c'est la capacité à entraîner et à transmettre de l'énergie."

Erik Campanini fourbit ses armes : *"Nous devrons proposer des solutions innovantes pour permettre aux gens de mieux travailler ensemble dans des organigrammes plus plats."* Un principe que le cabinet BearingPoint a déjà appliqué en interne. *"La différence entre l'organisation de certaines entreprises que je suis amené à conseiller et la nôtre tient sans doute à la simplicité de nos processus de décision. En tant que membre du comité directeur, je peux décider très vite, dans le cas d'un rachat d'entreprise, par exemple."* La rapidité de prise de décision est un enjeu crucial. En interne, mais également dans le domaine de la relation clients, où le *real time marketing* pourrait bien devenir la norme. Le *real time marketing* ? Une action qui consiste à réagir immédiatement, et de manière pertinente, à un événement générateur de contact entre le client et la marque. *"L'entreprise doit répondre au premier contact par une offre calibrée en fonction du profil, du contexte et du canal utilisé."* Un domaine où les entreprises françaises accusent encore un certain retard. Qu'Erik Campanini les aidera à combler ? Sans aucun doute !

ÉRIC DODIN

Directeur général Europcar France.
Promotion 1988

Au plus haut des hautes solitudes. Au-delà du clin d'œil à l'excellent livre de Don Winslow, la réalité d'un grand dirigeant est aussi celle-là. La solitude. Organiser, dynamiser, animer, produire du sens et de la vision, oui, bien sûr... Mais aussi décider. Et décider seul. Éric Dodin est un homme d'éthique qui ne prend pas à la légère cette responsabilité ultime.

Tout est question d'analyse, de conscience et de distance. Ce cocktail "pour diriger", rehaussé d'une bonne pincée de vision stratégique et de charisme, est une alchimie subtile à atteindre. Bien dosés, ces ingrédients permettent à un dirigeant d'exercer convenablement son rôle ; à un directeur général de conduire le développement de l'entreprise dans le respect de l'intérêt général. Éric Dodin est un alchimiste. Non qu'il puisse changer le plomb en or, mais le désormais directeur général d'Europcar France semble avoir conduit toute sa carrière en ayant à l'esprit cette triple approche. Analyse. Conscience. Distance. *"Quand je suis sorti d'Audencia, le problème n'était pas tant de trouver un emploi que de bien choisir entre plusieurs possibilités. En ce qui me concerne, j'avais des opportunités dans l'assurance, le sport, le pétrole... Mon cœur penchait vers le sport. La raison*

> "Savoir apprendre de ses échecs ? Oui, bien entendu. Cependant, j'ai l'impression qu'en France, on cherche un peu trop à apprendre de ses échecs et pas assez de ses succès. Si on se penchait un peu plus sur les raisons du succès, peut-être les multiplierait-on, non ?"

m'a emmené chez Exxon Mobil." L'analyse se révélera payante. Compagnie prestigieuse, par définition très internationale, la plus petite des Sept Sœurs offrira très vite à Éric Dodin une première approche de la décision. *"J'ai rencontré des patrons très charismatiques qui m'ont fait confiance et donné des responsabilités. Ce premier job a été très valorisant."* La confiance acquise chez Exxon Mobil lui donne des ailes pour enchaîner les postes et faire croître sa courbe d'expériences. En variant les plaisirs ! Il opte un moment pour le monde de la PME – Spies Hecker puis Standox – avec des fonctions de directeur France et directeur export puis prend en charge la direction de l'activité Business Travel chez Protravel. Et devient, début 2004, directeur de la *business unit* "Voyages d'affaires" chez Carlson Wagonlit Travel France. En 2007, il est nommé directeur des opérations Carglass France. Sa mission : concevoir une stratégie opérationnelle de croissance pour le groupe et mettre sur les rails une politique de développement durable volontaire. *"La RSE n'est pas un sujet 'à côté', on ne fait pas quelque chose en plus, on fait tout différemment. À mon sens, la responsabilité sociétale ne peut pas être considérée comme une obligation mais comme une opportunité. Elle améliore les modèles, permet de mobiliser ses collaborateurs sur des questions qui ne sont pas uniquement centrées sur la performance économique et génère par ailleurs un effet de souffle positif qui va au-delà de l'entreprise."* Science sans conscience… Éric Dodin s'implique fortement, crée la direction du développement responsable, et affirme avec force ses principes éthiques. Analyse. Conscience. Distance : *"Lorsque j'ai été nommé directeur général d'Europcar France, début 2013, je ne m'étais pas préparé à la solitude du décideur. On m'avait prévenu, mais entre savoir et expérimenter, il y a un monde. Et ce 'monde' ne relève pas du challenge intellectuel – il y a des équipes qui vous aident, qui vous fournissent de la matière et qui vous sécurisent –, non, ce 'monde', c'est la solitude. C'est un parcours initiatique difficile. Il faut savoir être en distance par rapport aux sujets et aux événements."* Mais attention, ce travail de distanciation doit être compensé. Impossible en effet de concevoir cette prise de hauteur comme le seul axe permettant de trancher ou de diriger. *"Je m'assure de pouvoir garder une fibre terrain vivace. Ce n'est pas toujours simple, mais si vous perdez cela, la fonction vous isole et vous coupe des réalités et ça, il faut absolument l'éviter."* La bonne distance. La conscience. Et l'analyse. Éric Dodin est bel et bien un alchimiste.

"Les jeunes que je vois arriver ont la tête drôlement bien faite. Ils ont aussi une attitude paradoxale que j'apprécie. Ils ont besoin d'être très autonomes et en même temps d'être très accompagnés. Ils ont une maturité que nous n'avions pas à l'époque !"

CYRILLE DUVAL

Président-directeur général de l'hebdomadaire *Le Point*.
Promotion 1969

Ce n'est plus une carrière, c'est une page d'histoire ! Brillant économiste de la presse, Cyrille Duval aura accompagné toutes les grandes mutations sociales et sociétales de ces quarante dernières années. Acteur d'une aventure médiatique hors du commun, l'actuel P.-D.G. du *Point* aura surtout permis à des hommes de conviction d'avoir une tribune à la mesure de leurs idées. En cela, il est l'artisan discret mais essentiel de l'exercice démocratique.

La presse va mal. Les journaux sont en danger. La démocratie est menacée. Oui. Et non. Oui, parce que, c'est vrai, l'économie de la presse, fondée pour partie sur les ventes au numéro et les recettes publicitaires, a été éreintée par l'essor de la gratuité, la percée du digital et les changements de comportements des lecteurs. Non, parce que comme l'a prouvé Cyrille Duval récemment au *Point*, et avant cela au *Figaro*, des réponses existent. La première a un nom très simple à retenir. Il s'agit de la qualité. La deuxième n'est pas plus mystérieuse : elle se fonde sur la connaissance fine de son lectorat. La troisième, enfin, repose sur la créativité et l'inventivité. Mais ne vous y trompez pas, ce triptyque au faux air de Candide est probablement l'une des choses les plus difficiles à atteindre et à associer pour un patron de presse. Pour y parvenir, il faut que les hommes qui occupent les postes clés – à savoir le rédacteur en chef, le directeur général et les équipes qu'ils animent – soient visionnaires, professionnels jusqu'à la déraison, et unis. C'est pour cela que Cyrille Duval, avant de travailler pour des journaux, a toujours travaillé pour et avec des hommes : *"Ma carrière a été marquée par trois hommes d'exception. Le premier s'appelait Robert Hersant, le deuxième François Pinault et le troisième Franz-Olivier Giesbert."* Sacrée galerie ! Comment en est-il arrivé à être à tu et à toi avec ces trois monstres sacrés ? Petit retour en arrière : *"En sortant d'Audencia, passionné d'automobile, je suis entré comme chef de publicité chez Fiat Automobile France. Ce n'était pas le bon choix. J'avais la passion de l'automobile, pas de l'industrie automobile."* La nuance – de taille – le fait changer de braquet et l'oriente vers le service publicité du *Figaro*. Il restera trente ans dans cette entreprise.

"J'ai évolué tous les deux ans. Quand Robert Hersant a racheté le titre, je suis devenu le patron de toute la publicité avant d'être nommé président de la régie publicitaire Publiprint, régie du Groupe Hersant qui, en plus du Figaro*, comportait près de 40 titres."* La progression se poursuit, inexorable. Il devient directeur du *Figaro*, puis de la Socpresse, la holding du groupe Hersant. *"On a innové, tout le temps. On a d'abord rajeuni le journal, qui était vieillissant. Et ensuite on a multiplié les créations :* Le Figaro Économie*,* Le Figaroscope*,* Le Figaro magazine*,* Madame Figaro*, des suppléments chaque année pour investir tous les marchés."* Le *Figaro* est transformé. Et, avec lui, toute l'économie de la presse française qui change peu à peu de modèle. L'artisan de cette révolution copernicienne aura toujours bénéficié du soutien du "papivore" – le succès n'aurait pas été possible autrement – et son décès, le 21 avril 1996, met un coup d'arrêt à cette aventure de trente ans.

"L'enseignement dispensé par Audencia est excellent. J'ai travaillé avec des cabinets de recrutement toute ma vie – au Figaro, nous étions le numéro 1 pour les annonces d'emploi –, avec l'ensemble des 'chasseurs de têtes' de la place ; leur avis est unanime sur la question : Audencia est une très bonne école."

"Si j'avais un petit conseil à donner aux étudiants, ce serait sans doute de la jouer 'low profile' au moment de l'embauche. D'apprendre d'abord, de bien comprendre les mécanismes de l'entreprise avant de proposer ses contributions. Il n'y a rien de pire qu'un jeune diplômé qui arrive et qui sait déjà tout ce qu'il doit faire."

"Quand Robert Hersant est mort et que Serge Dassault a racheté le Groupe, j'ai réalisé mes actions et je suis parti." Il rencontre alors François Pinault, propriétaire du *Point*, qui l'appelle au chevet de l'hebdo. Ce dernier a une immense réputation mais un équilibre financier précaire. Les lettres de créance acquises au *Figaro* le qualifient mieux que quiconque pour redresser le titre. Quarante-huit heures de réflexion et action : *"J'ai retrouvé Franz-Olivier Giesbert, que j'avais côtoyé pendant quinze ans au* Figaro*."* Les deux hommes s'estiment – euphémisme énorme ! – et connaissent la valeur d'un bon diumvirat. Ils se mettent au travail. Les ventes du *Point* passent de 300 à 400 000 en dix ans, à rebours de la majorité des autres journaux, qui perdent du lectorat, l'inscription dans le digital – qui progresse très vite – n'érode pas l'édition papier. Le pari est gagné. *"Franz-Olivier Giesbert est le seul patron de presse à appeler un lecteur un "client". On a fait un produit qui correspond au client."* Ça a l'air si simple…

Si nous montons une junior entreprise avec Zoé, les conseils donnés par les 5 dirigeants que je viens de rencontrer me seront + qu' UTILES

QUEL TALENT !

Rendez-vous avec Lucie au campus Paris Audencia pour finaliser son business plan avec nos amis du MS MOS

Texto reçu de Zoé ce matin :

Je crois que je suis amoureuse de toi ... :)

...

... depuis toujours.

Le plus beau moment de ma vie ?

L'ÉVÉNEMENT
Le campus Paris à la loupe.

LA MAISON AUDENCIA ALUMNI

- Lieu de conférences mis à disposition des clubs (près de 20 clubs actifs à l'heure actuelle)
- Ateliers carrière et entretiens individuels
- Lieu de rendez-vous pour les diplômés

LE CAMPUS PARIS C'EST AUSSI :

- Des salles de cours pour le MS MOS
- Des bureaux pour la formation continue

25e étage de la tour Montparnasse

Notre maison commune !

Notre proposition : le jury a tranché !

CONCOURS AUDACE / ZOÉ BÉLIA & BENJAMIN STARDIGHAN

Schéma introductif : un monde d'interactions !

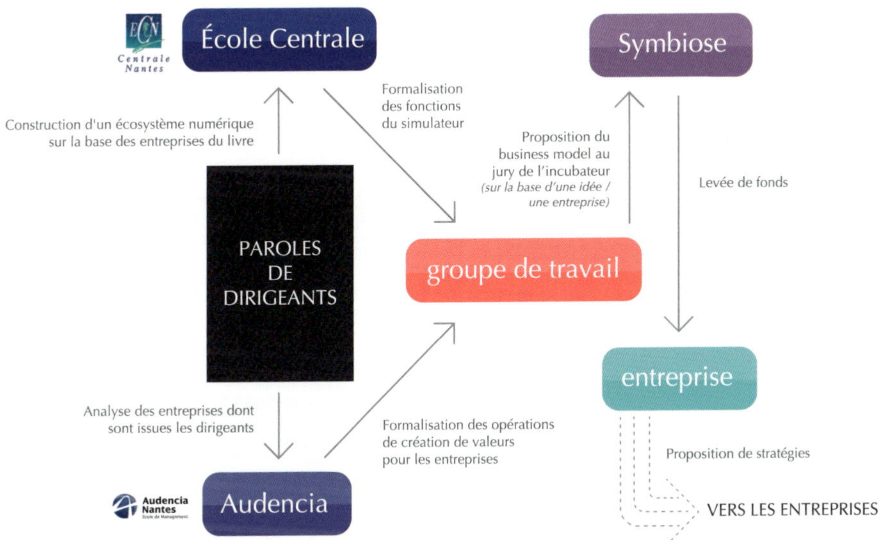

LAURÉAT

PRÉAMBULE

Notre prérequis de départ était simple. Comment pousser les étudiants – dont nous faisons partie – à s'immerger collectivement et singulièrement dans une dynamique globale et permanente de création d'entreprise ? Notre deuxième volonté était de proposer – à notre modeste niveau – un dispositif de création de valeurs et de synergies au profit des dirigeants qui nous ont précédés, ici, à Audencia.

Dirigeants qui, tout au long de notre parcours, nous aident et nous épaulent par leurs conseils et leur expérience. L'ouvrage *Paroles de dirigeants,* auquel Benjamin Stardighan a collaboré, nous a donné l'impulsion décisive pour formaliser une approche originale, conçue en partenariat avec des élèves ingénieurs de l'École Centrale Nantes (liste jointe en annexe).

On est aux anges ! Le projet est sur les rails.
Le père de Zoé nous conseille et nous soutient. Il vient de faire un don important à la fondation. Nous voilà bientôt entrepreneurs !

MON LOGO > L2.0 SPORTS

FAITES ENTRER VOTRE CLUB
DANS L'UNIVERS 2.0

28074

AVIS DE CONSTITUTION

Aux termes d'un acte sous seing privé, il a été constitué une société à responsabilité limitée à associé unique présentant les caractéristiques suivantes :

Dénomination : LSports 2.0
Siège social : 78, Avenue de Messine - 75016 Paris
Objet social : Conseil en organisation, gestion, stratégies, ingénierie, planification, missions d'exploration de l'environnement réglementaire...
Durée de la société : 99 ans, à compter de son inscription au Registre du Commerce
Capital Social : 125 000 euros
Gérant : Lucie Castaix
Immatriculation de la société : Au RCS de Paris

Société créée. ✓

1res embauches effectuées. ✓

1ers prospects approchés ✓

Et devinez quoi ? Il y a deux Audencia dans le lot !

Mes nouveaux locaux. J'espère qu'on y sera très vite à l'étroit !

zoé m'y avait traîné ... J'adore ce film !

Anthony BUNN / Greg EVRARD / Pascale QUESTER

Raphaël LE MASNE DE CHERMONT / Arnaud NAINTRÉ

ANTHONY BUNN

Directeur général de Timberland France, Espagne, Portugal.
Promotion 1994

Des miles. Beaucoup, beaucoup de miles. Et une collection de passeports qui doit prendre de la place sur les étagères ! Passionné par la mode et l'Europe de l'Est, maître ès dynamiques commerciales, Anthony Bunn sillonne le monde depuis toujours. Et en business class depuis vingt ans. Son trajet domicile/travail du moment ? Paris - Madrid - Lisbonne - Barcelone - Paris. Son moteur ? L'empathie, les rencontres, l'amour du travail d'équipe et de la vente.

"*La Terre est ronde, nous allons vous donner les moyens de la faire tourner.*" Sans ce slogan, qui vantait l'École au mitan des années 90, la vie d'Anthony Bunn eut été sans doute très différente. "*Quand j'ai lu cette phrase, j'ai tout de suite voulu faire Audencia. Ça me parlait.*" Il faut dire que le jeune homme d'alors est un habitué des aéroports et du jetlag. Anthony Bunn, enfant "long courrier", vit dans le sillage de parents dont la maison s'établit sur plusieurs fuseaux horaires. Alors, forcément, fatalement... "*L'aspect international de l'École a été déterminant. J'ai adoré ces trois années. Audencia vous permet de comprendre et d'appréhender 'the Big Picture', en même temps qu'elle vous offre une vraie proximité avec des étudiants très différents de vous. J'y ai appris le travail d'équipe, et j'ai pu assouvir ma passion pour l'Europe de l'Est : Roumanie, dans le cadre d'un voyage humanitaire et Pologne, pour réaliser une étude de marché.*" L'autre grande fibre d'Anthony Bunn, c'est la vente, le marketing, le développement produit et la communication. "*Mon premier emploi correspondait à cette dimension commerciale. Je suis entré chez Timberland pour développer les ventes dans le Grand Ouest. Je couvrais alors trente départements.*" Départements ? Oui, départements, et pour formateur – et prometteur – qu'ait été ce premier poste, Anthony Bunn se cogne sur un horizon trop bas pour lui. Il se rêve en voyageur des grands espaces. Ferrero lui offre son ticket pour l'Est : "*Ils m'ont recruté pour développer le marché Europe centrale/Europe de l'Est. J'étais basé au Luxembourg et je passais mon temps à voyager.*" Oui, mais s'il a pu renouer avec les aéroports, quelque chose lui manque encore pour être pleinement satisfait. "*Je me suis aperçu que la mode m'attirait plus*

Pages maquettées. BAT signé

que l'agroalimentaire." Sa nouvelle destination devra donc être un mix mode/export. Il décroche la "timbale" en 1998 : *"Je suis entré chez le lunetier L'Amy en tant que chef de zone export en Europe centrale. Ce poste m'offrait l'aspect mode qui m'avait plu chez Timberland et l'aspect international de Ferrero. J'étais aux anges."*

D'autant plus qu'à l'Europe de l'Est viennent bientôt s'ajouter des destinations aussi exotiques que l'Afrique du Sud, le Chili ou l'Argentine, sans compter le Portugal ou la Grèce. Il acquiert également une autre compétence : la gestion d'entreprises. *"Je gérais de petites business units. J'avais un bureau à Anvers, un autre à Rotterdam."* Le globe-trotter est bientôt chassé par Quicksilver, qui lui propose un poste qu'il ne peut refuser : directeur commercial Europe pour la division technique, soit les montres, les lunettes, le néoprène – comprendre tout ce qui touche aux combinaisons marines – et le snowboard. Il y reste six ans, restructure les filiales française et espagnole, triple le chiffre d'affaires. *"J'ai aussi développé l'export et accru mon expérience en allant travailler à Dubaï, en Égypte."* Et en Russie, où sa connaissance de la toundra locale lui permet d'implanter la marque. Le cap du million de kilomètres franchi depuis longtemps, Anthony Bunn renoue avec ses premières amours. Timberland. *"J'avais envie de changer et mon ancien boss m'a rappelé. J'avais comme perspective la direction de Timberland France. À très court terme."* C'est chose faite en 2011. Très vite, cependant, la marque est rachetée par le groupe VF Corp – 10 milliards de chiffre d'affaires, un portefeuille de marques impressionnant : Eastpak, North Face, Kipling... – et pour Anthony Bunn, deux nouveaux pays à gérer ; l'Espagne et le Portugal. De peur qu'il s'ennuie ? *"Le contexte dans ces deux pays, historiques pour Timberland, n'est pas exceptionnel en ce moment. J'ai donc dû restructurer toute l'équipe ibérique, réaffirmer l'orientation outdoor lifestyle qui est désormais au cœur de notre positionnement. L'organisation au Portugal est différente, mais c'est notre pays 'Triple A' où la consommation de produits Timberland par habitant est la plus importante au monde."* Nouveau challenge, des miles qui s'empilent. Et un appétit intact.

"En ce qui me concerne, avoir un mentor est essentiel. J'ai besoin de quelqu'un qui me tire vers le haut et qui me challenge."

"Depuis le rachat de Timberland, on se concentre sur le créneau "outdoor", sur la base de principes d'éco-conception qui n'oublient pas la performance des produits."

GREG EVRARD

Directeur opérationnel de North Sails.
Promotion 1996

Une philosophie de l'excellence et de l'éthique ; un sens des responsabilités qui décuple sa liberté d'entreprendre en lui donnant sens et impulsion. Greg Evrard est un homme étrange. À 40 ans, il a la sagesse du vieil homme, le corps – et le palmarès – d'un sportif de haut niveau et la vision déployée d'un entrepreneur de PME ultra-technique, aux prises avec des réalités économiques complexes !

"Il me semble que nous avons une responsabilité. Les diplômés qui sortent d'Audencia font partie des 3 % à qui il sera donné d'aller sur des postes importants, dans des entreprises de renom ou dans des PME. Cette possibilité donne des responsabilités. Si des gens comme nous abdiquons nos rêves, mettons en berne nos passions, laissons nos convictions – quelles qu'elles soient – se dissoudre, cela risque de poser un problème." Plaidoyer pro domo ? Absolument pas. Certes, Audencia Nantes – et son début de carrière chez Decathlon – ont bien permis le maintien opérationnel de ses capacités à naviguer. Bien sûr, sa position actuelle chez North Sails le met en permanence au contact des réalités d'une PME et lui impose, ce faisant, de grandes responsabilités vis-a-vis de la cinquantaine de salariés de l'entreprise. Mais ses paroles ne peuvent pas être entendues au travers du seul prisme de l'expérience personnelle. Non. Le directeur opérationnel de North Sails tient en réserve une approche beaucoup plus étendue et profonde : *"Le fait de ne pas lâcher ce qui nous fait vibrer permet de comprendre le sens des décisions que l'on aura à prendre. Et dans la solitude du dirigeant, de celui qui a à décider, c'est parfois la dernière chose qu'il nous reste. Nos convictions."* Et des convictions, Greg Evrard en a. *"La loyauté par rapport à sa propre carrière et son éthique impose des choix. Ces choix peuvent parfois paraître risqués, voire dangereux pour l'entreprise ou pour votre propre carrière. Mais tant qu'ils ont du sens, tant qu'ils permettent de rester en phase avec vos convictions profondes, il est essentiel de savoir les faire. Ce sont eux qui vous permettront de gagner le respect des autres, mais aussi de vous-même."* Comment maintient-on intact ce sens de la justice après vingt années

de carrière ? Il nous faut peut-être retourner dans les années 90 pour le savoir.
1993. Greg Evrard sort de prépa HEC voie générale pour passer le concours d'Audencia Nantes, une école qui l'attire. Diplôme en 96 – majeure contrôle de gestion pour disposer d'outils concrets –, service militaire, puis retour chez Audencia pour reprendre des études en master Management du sport, et enfin prise de poste chez Decathlon, à la direction Ouest : *"Dès mon embauche, j'ai été confronté au passage aux 35 heures et à l'arrivée de l'euro, que j'ai contribué à gérer au sein d'une direction administrative et financière. Très vite, j'ai été en charge d'une équipe, avec la responsabilité du recrutement et du management. Une période intense et riche."* Qui se double, sur le plan sportif, d'un saut dans l'élite mondiale. *"De 1999 à 2004, j'ai gagné deux tours de France à la voile et je suis entré dans les cinq premiers mondiaux en Match Racing."* Decathlon lui ouvre grand les portes du sommet – poste au sein de la direction générale de la distribution, à Lyon – mais le met, ce faisant, devant un dilemme : le sport ou la carrière ? *"Je ne réfléchis pas en termes d'obligation de choix. Le côté 'c'est ça ou c'est ça', je ne supporte pas bien. Si on a une passion, on ne l'abandonne pas. On l'aménage."* Greg Evrard fait la navette entre Lyon et l'Ouest, où sont basées ses équipes. Le "ou" s'efface au profit du "et".

"Ne pas assouvir ses passions fait peser le risque de se prendre une crise de la quarantaine salée."

"Passer du grand groupe à la PME lors de ses stages devrait être obligatoire. Cela permet de juger en connaissance de cause, et de comprendre qu'une décision a un impact réel sur l'entreprise et sur la vie des gens qui y travaillent."

2004, nouvelle proposition de Decathlon. Au même moment, North Sails, leader dans le domaine de la voilerie, lui "offre" la direction du site de production France. Entre le géant nordiste et la PME de Vannes, le combat est inégal... mais tourne à l'avantage de la seconde : *"Il y avait la dimension géographique, bien sûr, mais surtout l'envie d'intervenir plus stratégiquement dans une structure petite, mais internationale."* Il devient directeur adjoint. Le chiffre d'affaires double entre 2005 et 2011. Mais là n'est pas l'essentiel. *"Ma plus grande fierté, pour le moment, c'est d'avoir tenu bon en 2009, pendant la grosse année de crise, y compris face aux dirigeants du groupe. J'ai pris l'engagement de ne pas perdre d'argent, tout en refusant de réduire les effectifs. J'y suis parvenu même si cela a dû parfois se faire au détriment d'intérêts financiers personnels."* Est-il besoin d'ajouter quelque chose ? Le vice-champion du monde 2010 en Match Racing n'a aucune idée de l'endroit où il sera dans vingt ans : *"Ce serait triste, non ?"* En revanche, ce qu'il espère est clair : *"Ne pas avoir dérogé à mes convictions."* CQFD ?

PASCALE QUESTER

Vice-présidente de l'université d'Adélaïde.
Promotion 1985

Enchaîner les adjectifs, additionner les postes, compter les kilomètres, lister les faits d'armes ? Un exercice vain. D'abord, parce que, malgré nos efforts, cela ne permettrait pas de rendre compte, exhaustivement, de la richesse et de la densité d'une trajectoire hors du commun. Ensuite, parce que nous passerions quand même à côté de l'essentiel : la volonté de Pascale Quester de participer à l'élaboration d'un enseignement dynamique mis au service des hommes et de la recherche.

"J'ai financé mes études en travaillant toutes les nuits dans un foyer, ce qui a pu créer, parfois, un léger décalage avec ce que vivaient mes camarades de promo." Après avoir tenté – mineure – d'aller étudier la physique et les mathématiques dans une école londonienne – refusé : *"vous n'avez pas 18 ans"* –, Pascale Quester met le cap sur la faculté des sciences de Nantes où le manque de passerelles entre les disciplines l'oriente vers Audencia Nantes. *"J'ai fait une prépa avec l'ambition d'entrer à Audencia et de décrocher dans la foulée un ticket pour Columbus."* Nantes pour la pluridisciplinarité. L'université de l'Ohio pour le marketing comportemental. La discipline qui puise autant aux mathématiques qu'à la psychologie l'intéresse au plus haut point. Elle y entre. Refuse de faire un MBA au profit d'un master en marketing, se voit proposer, après Audencia, une bourse pour suivre un doctorat à Columbus. Nouveau refus. Motivé cette fois par... des conditions climatiques. *"La vie est trop courte pour faire trois hivers supplémentaires ici."* Pas rancunier, Peter Dixon, l'un de ses superviseurs de master, lui décroche un contrat de professeur en... Nouvelle-Zélande. Problème, les services secrets français viennent de faire sauter le *Rainbow Warrior* dans le port d'Auckland ; autant dire que les autorités locales ne se pressent pas pour lui délivrer son titre de séjour. Pendant cinq mois, elle tanne le consulat jusqu'à obtenir, finalement, un visa temporaire de six mois. Ses vols sont réservés : un aller-retour Nantes/Londres – question de coût, l'aller-retour était moins cher ! – et un aller simple Londres/Auckland. Pascale Quester embarque.

Pour la plus longue journée de son existence. *"J'étais à Londres. J'ai attendu mon vol pour la Nouvelle-Zélande toute la journée avec, dans la poche, mon retour pour Nantes. D'un côté, le monde connu, ma famille. De l'autre, l'inconnu, l'aventure. Ça a été très dur et ça restera sans doute l'une des expériences les plus marquantes de ma vie."* Le remboursement du vol retour servira finalement à acheter une voiture... en arrivant à Palmerston North, Nouvelle-Zélande.

Pascale Quester est professeur de marketing en MBA à l'université de Massey, travaille à mi-temps comme chef de produit, et obtient un poste de professeur en MBA Executive à l'université de Wellington. Après tout, les semaines font sept jours, non ? Elle se lance dans une expérimentation sur le *couponing*. *"J'ai eu l'opportunité de recruter deux compagnies – Kraft et Unilever – pour conduire ce programme et de pouvoir mobiliser un magazine. L'idée était de comprendre si le fait de distribuer des coupons de différentes valeurs avait un impact sur les ventes. Les distributeurs penchaient pour le 'oui', les fabricants pour le 'non'."* Lancée à l'échelle du pays tout entier, l'expérimentation clôt la querelle au profit des fabricants.

"Le budget annuel de l'université est de 830 millions de dollars. Nous avons 30 % de nos 23 000 étudiants qui viennent d'ailleurs, principalement d'Asie."

"J'ai eu un déclic pour l'enseignement. Le groupe, les échanges avec les étudiants... Et la recherche. C'est un univers très complet."

Et offre à Pascale Quester une célébrité planétaire. Les résultats préliminaires sont exposés lors d'une conférence en Tasmanie. Des représentants de l'université d'Adélaïde sont dans la salle. Ils lui proposent un job. Elle n'a pas fini sa thèse. *"Qu'à cela ne tienne, vous viendrez après."* Elle accepte. Elle débarque en Australie par 40° le 10 janvier 1991. Elle a trente ans. Trouve qu'il fait chaud. Prend une maison sur la plage et un poste de maître de conférences. Une manière de concevoir l'enseignement totalement innovante et une curiosité intacte donnent à Pascale Quester l'élan pour franchir toutes les étapes académiques en dix ans – il en faut normalement trente –, créer des enseignements et se positionner pour entrer dans le Saint des Saints. Elle lance un programme de transformation de l'université, casse les codes de coopération entre l'université et les syndicats étudiants et accède à la vice-présidence de l'université d'Adélaïde en juin 2011. Pascale Quester vit toujours dans sa maison sur la plage. Et reste animée par cette volonté farouche de faire bouger les lignes. Les siennes, comme celles de ses contemporains.

RAPHAËL LE MASNE DE CHERMONT

Président-directeur général de Shanghai Tang.
Promotion 1987

Un amoureux de la vitesse. Et du risque calculé. Raphaël Le Masne de Chermont, à l'instar du pilote d'essai, est un homme qui aura toujours poussé les curseurs de son existence jusqu'à la butée pour voler haut et voler loin. Les "bang" supersoniques de sa trajectoire résonnent de plus en plus nombreux au-dessus de la baie de Hong Kong.

Il n'y aura jamais eu d'atermoiement ni de doute. Ce n'est pas le genre de la maison. Mais des rencontres et une certitude ; le soleil se lève à l'est. La géographie intérieure de Raphaël Le Masne de Chermont est une projection de Mercator qui favorise les itinéraires en courses obliques. Nantes, Paris, Londres, Bruxelles, Hong Kong… Et puis le monde entier. *"Je savais quand même la fin de mes études que j'allais quitter la France. C'était une certitude."* Ennui ? Curiosité et soif d'aventure, plutôt. Mais attention, cette curiosité embrasse large, elle est celle d'un touche-à-tout qui trouve de l'intérêt derrière chaque pierre. *"Durant mon stage, j'ai fait des cartons chez Waterman, j'ai rencontré pendant cette période des gens qui faisaient ça depuis des années et qui le feraient encore des années après mon départ. Cette prise de conscience m'a imposé un constat : tu es privilégié, profites-en, mais ne te coupe jamais du terrain, reste au contact des réalités."* Il n'y dérogera pas. La fièvre du voyage est à un stade avancé, mais se cache encore derrière un dernier test. *"J'ai commencé par un cabinet d'audit, mais j'ai vu très vite que ce n'était pas pour moi."* Raphaël Le Masne de Chermont est tout entier là. Pas d'idées préconçues, pas d'avis définitif avant d'avoir expérimenté. En revanche, il apprend vite et voit rapidement si les choses lui conviennent. Ou pas. Malgré une proposition du cabinet, il démissionne au bout de trois mois. Cette fois, c'est parti. Il embarque à bord de la compagnie Richemont, groupe suisse spécialisé dans l'horlogerie de luxe, qui l'envoie à Londres.

Après Londres, Bruxelles. Le groupe Richemont, toujours, et des enseignes plus connues que la maison mère : Cartier et Piaget. *"Le patron du groupe Cartier – puis du groupe Richemont – est un homme exceptionnel. Il a été prépondérant dans ma vie.*

Pages maquettées. BAT signé

Alain Perrin avait une manière d'être avec les gens qui était extraordinaire ; intuitif, extrêmement exigeant, il savait déplacer les foules. Je crois qu'à 25 ans, s'il avait demandé à ses cadres de se jeter d'un pont, eh bien, nous l'aurions fait." Les rencontres. Le sel de la vie. Et un accélérateur de carrière fantastique. Raphaël Le Masne de Chermont ne l'oubliera jamais. Il est aujourd'hui l'une des têtes de pont les plus actives du réseau Audencia Nantes en Asie. Mais revenons au début des années 90. Le jeune homme progresse, vite, monte dans la hiérarchie du groupe et se voit offrir un poste de CEO dans une grande marque horlogère du groupe. Il décline poliment et propose sa candidature pour aller s'occuper de la marque Shanghai Tang, dont Richemont est actionnaire à 30 %. Nous sommes en 1994, Raphaël Le Masne de Chermont prend un aller simple pour Hong Kong. Le soleil se lève à l'est, il ne l'a pas oublié. *"J'ai rapidement pris la présidence de Shanghai Tang. L'entreprise chinoise avait du mal à décoller ; nous nous sommes attelés à la tâche."* Son équipe redresse la barre en un an, la marque devient profitable – ce qu'elle ne cessera jamais d'être depuis – et le désormais *Executive chairman and CEO* subit l'accélération de l'Histoire en direct. *"Hong Kong est la ville la plus rapide – et la plus chère – du monde. Ici, nous sommes dans le domaine des possibles. Je vois plein de jeunes Français qui arrivent. Ils ont des idées, des compétences et montent des business. C'est quelque chose de très naturel."* La marque Shanghai Tang se développe, multiplie les ouvertures de magasins – malgré le casse-tête que représente l'augmentation permanente des loyers – et devient rapidement la première marque de luxe chinoise. Désormais appuyée sur un réseau de 35 boutiques que le CEO visite très régulièrement – *"ne te coupe jamais du terrain"* –, la marque s'internationalise et se déploie maintenant au niveau mondial. Le pilote, lui, continue de voler haut et de voir loin.

"Il faut multiplier les expériences. C'est un lieu commun de dire cela, mais c'est pourtant une nécessité pour un futur dirigeant. À l'âge où l'on sort de l'École, on peut prendre des risques, expérimenter, voir ce qui plaît et ce qui ne plaît pas. Ce n'est pas du temps perdu, bien au contraire."

"Les Audencia sont très appréciés ici ; il doit y en avoir une petite centaine. Nous sommes considérés comme de bons généralistes et ici, personne ne fait la différence entre vous et un HEC. Le lobbying des anciens est très efficace."

ARNAUD NAINTRÉ

Directeur général Sisley Amérique du Nord et du Sud.
Promotion 1984

Luxe, calme et volupté ? Pas tout à fait, non. Si le secteur est bien celui-là – à moins qu'il ne faille ici plutôt parler de cosmétique très haut de gamme, ce que l'intéressé préfère –, la vie d'Arnaud Naintré n'a rien d'un long fleuve tranquille. Le directeur général de Sisley pour l'Amérique du Nord et du Sud est sur tous les fronts, reste en mouvement pour coller aux évolutions d'un secteur hyper-compétitif, et assouvit depuis plus de trente ans sa passion pour le continent américain.

Sa feuille de route en sortant d'Audencia ? Blanche, hormis une mention, inscrite en lettres capitales, et qui restera comme le fil rouge de sa carrière : l'international. Arnaud Naintré est un homme précis, et toute sa carrière porte la marque de cette aptitude à comprendre les enjeux et à y répondre au millimètre. *"Comme la plupart de mes camarades de promotion, je ne savais pas précisément ce que je voulais faire. En revanche, à la différence de la majorité d'entre eux, je savais que je voulais partir. Loin."* Origines bretonnes et génotype taillés pour le grand large ? Si puiser au cliché est commode pour appréhender la rose des vents tatouée à flan de son existence, l'explication sur la clarté de sa trajectoire est plus compliquée à trouver. Esprit analytique ? Hasard ? Rencontres ? Un mix des trois ? Le résultat, quoiqu'il en soit, ne souffre aucune hésitation. Arnaud Naintré aura construit en trente-cinq ans de carrière un parcours net et sans heurt, logique, contrôlé. L'Oréal, comme point de départ. *"J'y suis entré dès ma sortie d'Audencia et j'y suis resté quinze ans. D'abord le marketing, puis le commercial. Au début en France, puis aux États-Unis. L'international, il y a trente-cinq ans chez L'Oréal, n'allait pas de soi. Il faut le faire savoir en interne. Les choses n'arrivent pas sans qu'on les provoque. Je l'ai dit une fois, deux fois, trois fois ; la quatrième était la bonne."* Il veut voyager ? La marque va le lui permettre. États-Unis, Venezuela, États-Unis... Une grande variété de postes et de fonctions dans la division luxe. Qui attire l'œil de Clarins. Qui se cherche un patron de filiale pour l'Amérique latine. Qui l'embauche.

Après le très grand groupe, une entreprise un peu plus petite, où Arnaud Naintré parfait ses compétences. De grand à moins grand pour balayer toutes les problématiques et comprendre tous les rouages ? La stratégie "Naintré" est fonctionnelle. La suite va le prouver en mode majeur.
Trois ans chez Clarins, un crochet par l'horloger Technomarine – *"c'était finalement assez proche de l'industrie cosmétique"* – et puis Sisley. Groupe familial français inscrit sur le très haut de gamme, Sisley n'a rien à voir avec L'Oréal, puissante machine leader sur son marché, pas plus qu'il ne ressemble à Clarins. En revanche, le passage par ces deux maisons, avant de rejoindre le groupe fondé par le créateur de Lancôme, avait tout de la bonne idée. *"Je suis toujours resté dans l'industrie sélective cosmétique mais avec un parcours diversifié. L'Oréal était le numéro un, Clarins, une entreprise de taille moyenne, Sisley, une entreprise familiale."* Alors, ce parcours, un choix ? *"Vous savez, si vous attendez que les choses vous arrivent, il ne va pas se passer grand-chose. La recherche d'entreprises, de postes nécessite d'être très actif, d'avoir toujours un œil sur ce qui se passe. C'est ce que j'ai fait."* Comment fait-on pour passer d'un cadre extrêmement précis à la souplesse d'une organisation où les dirigeants abordent la stratégie par téléphone et formalisent peu leurs échanges ? *"Nous avons une grande liberté de ton et une approche beaucoup moins politique que dans les très grands groupes, c'est très agréable."* Arnaud Naintré gagne ses galons et prend la direction de la marque pour tous les marchés Amérique du Nord et du Sud. Soit un territoire allant du Canada à l'Argentine. Un – très vaste – terrain de jeu qu'il connaît désormais comme sa poche. Et c'est tant mieux parce que le secteur est ultra-compétitif et que les choses bougent. À toute allure. *"C'est très riche en ce moment, tout évolue à une vitesse phénoménale. Le digital fait bouger les lignes, avec des plates-formes e-commerce qui se développent trois à quatre fois plus vite que le marché traditionnel."* Rester en mouvement, ne pas s'endormir – *"Impossible ici, nous sommes tous en CDD. Les CDI n'existent pas"* – et progresser. Toujours.

"Audencia est une superbe école. Elle a, selon moi, la plus grande des vertus : elle nous apprend à apprendre."

"Dans ce secteur, on retrouve souvent des personnes avec lesquelles on a eu à collaborer par le passé. Il se crée une sorte de réseau qu'il faut apprendre à cultiver. C'est lui qui vous offre des opportunités."

Au courrier de ce matin !

L2.0 SPORTS

FAITES ENTRER VOTRE CLUB DANS L'UNIVERS 2.0

Mon très cher Ben,

Je suis ravie que tu aies aimé les locaux de LC Sports parce que j'espère t'y voir souvent. Tu les as vus un samedi, au calme, l'activité qui s'y est déployée depuis ta visite est complètement folle. Nous sommes désormais 9 - moyenne d'âge 27 ans, je pourrais presque être leur mère, seigneur ! - et l'ambiance est très start-up. À ce propos, je vais bientôt avoir besoin de stagiaires. Si tu connais des gens brillants sur mon créneau, adresse-les-moi. Les premiers résultats sont excellents. 6 contrats signés en deux mois. La demande est très forte. Notre idée - nous l'avons eue en même temps, c'est fou non ! - s'avère des plus astucieuses. Je viens à Nantes la semaine prochaine pour, j'espère, signer un contrat avec un club féminin très cher à mon cœur et qui fait désormais parler la poudre au niveau de ses résultats. Je ne peux encore rien te dire mais tu seras le premier au courant si les choses se font. Je suis contente que Zoé et toi convoliez et dans la vie et en mode projet... Mes deux futurs petits chefs d'entreprise... On se voit la semaine prochaine. Dis à Zoé de réserver son jeudi soir, je vous emmènerai dîner dans un petit resto que j'ai découvert il y a deux mois et que j'adore. C'est au-dessus du Quai de la Fosse, 6 rue Mazagran et je suis sûre que vous allez adorer (les patrons ont votre âge, je serai encore la plus vieille. :)

Je t'embrasse très fort.
Te rencontrer a été un des beaux cadeaux de l'existence.
Ne change rien.

Lucie

LSPORTS 2.0
Siège social : 78, Avenue de Messine - 75016 Paris
www.lcsports.com

Dire à Lucie de mettre l'offre de stages sur my audencia network

bloquer la soirée de jeudi :)

Lucie a signé un nouveau club à Nantes. On a fêté ça dignement !

Découverte d'un super lieu avec Zoé et Lucie.

En route pour la deuxième année :
la majeure très sélective " Entreprenariat " nous attend...
Mais avant ça : VACANCES EN THAÏLANDE !

UN IMMENSE MERCI À TOUS !

BEN

Ben, si tu nous permets...

Françoise MARCUS
Directrice relations Entreprises et Diplômés, Audencia Group

Stanislas MAHÉ
Responsable Pôle Audencia Alumni, Audencia Group

Estelle MARIE
Présidente de l'association Audencia Alumni

... de reprendre la parole un instant pour remercier nos lecteurs.

Chers étudiants d'aujourd'hui et de demain, diplômés, parents, amis, professeurs, nous sommes parvenus au terme de ce (premier) voyage aux airs de songe prolongé où rêve et réalité s'évertuent à jouer à "cache-cache"...

Te souviens-tu, Ben, quand, il y a quelques mois, à la veille de ton premier entretien, tu répétais en boucle : *"Mon Dieu mais quel lien entre ces 29 diplômés d'Audencia ? Quelle histoire vais-je bien pouvoir raconter ? Ils ont l'air tellement différents !"*

Oui, que peuvent bien avoir en commun cette trentaine d'hommes et de femmes aux tempéraments et destins si contrastés ?

Tu as, à la lecture de ton odyssée, manifestement compris notre intuition de départ.

L'hypothèse de base était simple : dire la formidable diversité des parcours de jeunes talents formés à l'Ecole depuis plus de 100 ans.

Pas de voie tracée pour la réussite. Pas de recette ni de modèle : des convictions, des traits de personnalité qui font écho aux fondamentaux de l'École : se connaître, imaginer, oser, entreprendre, partager, prendre du plaisir !

À la lecture de ces portraits, l'attachement – et la fierté – de ces femmes et hommes d'exception à leur École nous sont apparus avec force.

13 000 diplômés, 13 000 destins. Autant dire que Ben & friends risquent bien de vous tendre un micro prochainement...

À suivre...

SOMMAIRE SECTORIEL

DES FOURMIS DANS LE CORTEX ? DES IDÉES ?
DES CONCEPTS ? DES PISTES POUR ENTREPRENDRE ?

À VOUS DE JOUER !

Conception / Réalisation :
www.ustensiles.info

Rédaction :
www.ustensiles.info

Direction artistique :
Monsieur-G

Conduite d'entretiens : Audencia Group

Françoise Marcus

Stanislas Mahé

Sophie Delaporte

Goubault
imprimeur engagé

FSC
www.fsc.org
MIXTE
Papier issu de sources responsables
FSC® C013427

Goubault Imprimeur certifié ISO 14001 • imprimé avec des encres végétales

contact.communication@audencia.com